高等职业教育汽车营销与服务专业规划教材

Qiche Weixiu Fuwu Jiedai
汽车维修服务接待
（第2版）

交通职业教育教学指导委员会　组织编写

王彦峰　杨柳青　主　编

人民交通出版社股份有限公司
China Communications Press Co.,Ltd.

内 容 提 要

本书是高等职业教育汽车营销与服务专业规划教材。主要内容包括：汽车维修服务接待岗位认知、客户预约、客户接待和车辆检查、车辆问诊和预检、车辆修理和质检、客户车辆交付、不同维修业务的接待，共7个学习任务。

本书主要供高职高专院校汽车营销与服务专业、汽车运用与维修技术、汽车检测与维修专业教学使用。

图书在版编目(CIP)数据

汽车维修服务接待／王彦峰，杨柳青主编．—2版．—北京：人民交通出版社股份有限公司，2018.8

ISBN 978-7-114-14869-9

Ⅰ．①汽… Ⅱ．①王…②杨… Ⅲ．①汽车—车辆修理—商业服务—高等职业教育—教材 Ⅳ．①U472.4

中国版本图书馆 CIP 数据核字(2018)第 157725 号

书　　名：	汽车维修服务接待(第2版)
著 作 者：	王彦峰　杨柳青
责任编辑：	时　旭
责任校对：	宿秀英
责任印制：	张　凯
出版发行：	人民交通出版社股份有限公司
地　　址：	(100011)北京市朝阳区安定门外外馆斜街3号
网　　址：	http://www.ccpcl.com.cn
销售电话：	(010)59757973
总 经 销：	人民交通出版社股份有限公司发行部
经　　销：	各地新华书店
印　　刷：	北京印匠彩色印刷有限公司
开　　本：	787×1092　1/16
印　　张：	11.5
字　　数：	270千
版　　次：	2012年9月　第1版
	2018年8月　第2版
印　　次：	2021年8月　第2版　第2次印刷　总第8次印刷
书　　号：	ISBN 978-7-114-14869-9
定　　价：	28.00元

(有印刷、装订质量问题的图书由本公司负责调换)

交通职业教育教学指导委员会
汽车运用与维修专业指导委员会

主 任 委 员：魏庆曜
副主任委员：张尔利　马伯夷
委　　　员：王凯明　王晋文　刘　锐　刘振楼
　　　　　　　刘越琪　许立新　吴宗保　张京伟
　　　　　　　李富仓　杨维和　陈文华　陈贞健
　　　　　　　周建平　周柄权　金朝勇　唐　好
　　　　　　　屠卫星　崔选盟　黄晓敏　彭运均
　　　　　　　舒　展　韩　梅　解福泉　詹红红
　　　　　　　裴志浩　魏俊强　魏荣庆

第2版前言

本书自出版以来,在职业院校中的应用获得了师生的认可。6年来,汽车技术快速发展,汽车保有量快速增加,电动化、网联化、智能化和共享化的"新四化"开始成为汽车行业公认的未来趋势。互联网技术和思维在汽车后市场的加速普及,消费者的消费习惯变化和获取信息的渠道变化,都给汽车后市场的维修服务领域带来了新的课题,给维修服务接待岗位带来了新的学习内容。同时院校师生在使用本书的过程中,也发现存在一些不完善的地方。汽车服务营销领域的新发展、新变化以及教材本身的自我完善,都需要对本书进行再版修订。

在修订过程中,充分考虑到职业教育的教学特点和汽车服务企业对人才的需求,注重理论知识与实践技能的有机结合,并注重吸收国外先进的职教理念。从市场需求入手,认真分析行业发展动态,制订了详细的修订方案。

在修订内容上,保留了汽车维修服务岗位所需要的核心知识和技能;增加了新的数据和网络服务的相关内容;尤其在获取客户的预约内容上,增加了获客渠道的本质内容考虑;同时针对新能源汽车逐渐走入市场,增加了新能源汽车服务接待的相关内容;结合职业教育技能大赛的需求,增加了比赛训练的相关内容。

与第一版相比,此次修订后的教材,重点更为突出,与行业热点结合更为紧密,知识点更加丰富,实用性更强。

参加本书再版修订的有北京交通运输职业学院的王彦峰(修订学习任务一)、北京交通运输职业学院的倪颐(修订学习任务二、三)、北京交通运输职业学院的刘瑞华(修订学习任务三、七),全书由北京交通运输职业学院的王彦峰和安徽交通职业技术学院的杨柳青担任主编。

由于编者经历和知识水平有限,教材内容难以覆盖全国各地的实际情况,希望各教学单位和读者在积极选用和推广本书的同时,及时提出修改意见和建议,以便再版修订时改正和补充完善。

编 者
2018年3月

第1版前言

为落实《国家中长期教育改革和发展规划纲要(2010—2020年)》精神,深化职业教育教学改革,积极推进课程改革和教材建设,满足职业教育发展的新需求,交通职业教育教学指导委员会汽车运用与维修专业指导委员会按照工学结合一体化课程的开发程序和方法编制完成了《汽车运用技术专业教学标准与课程标准》,在此基础上组织全国交通职业技术院校汽车运用技术专业的骨干教师及相关企业的专业技术人员编写了本套规划教材,供高职高专院校汽车运用技术、汽车检测与维修专业教学使用。

本套教材在启动之初,交通职业教育教学指导委员会汽车运用与维修专业指导委员会邀请了国内著名职业教育专家赵志群教授为主编人员进行了关于课程开发方法的系统培训。教材初稿完成后,根据课程的特点,分别邀请了企业专家、本科院校的教授和高职院校的教师进行了审阅,之后又专门召开了两次审稿会,对稿件进行了集中审定后才定稿,实现了对稿件的全过程监控和严格把关。

本套教材在编写过程中,主要编写人员认真总结了全国交通职业院校多年来的教学成果,结合了企业职业岗位的客观需求,吸收了发达国家先进的职业教育理念,教材成稿后,形成了以下特色。

1. 强调"校企合作、工学结合"。汽车运用技术专业建设,从市场调研、职业分析,到教学标准、课程标准开发,再到教材编写的全过程,都是职业院校的教师与相关企业的专业人员一起合作完成的,真正实现了学校和企业的紧密结合。本专业核心课程采用学习领域的课程模式,基于职业典型工作任务进行课程内容选择和组织,体现了工学结合的本质特征——"学习的内容是工作,通过工作实现学习",突出学生的综合职业能力培养。

2. 强调"课程体系创新,编写模式创新"。按照整体化的职业资格分析方法,通过召开来自企业一线的实践专家研讨会分析得出职业典型工作任务,在专业教师和行业专家、教育专家共同努力下进行教学分析和设计,形成了汽车运用技术专业新的课程体系。本套教材的编写,打破了传统教材的章节体例,以具有代表性的工作任务为一个相对完整的学习过程,围绕工作任务聚焦知识和技能,体现行动导向的教学观,提升学生学习的主动性和成就感。

《汽车维修服务接待》是本套教材中的一本。与传统同类教材相比,本教材打破了传统教学的章节体例,充分体现了工学结合、理实一体化的教学标准,采用任务驱动式教学方法进行编写。本教材力求从汽车维修服务接待的角度对汽车维修接待岗位展开论述和说明,第一次将汽车服务和营销的理论与维修服务接待的流程及技巧进行有机的结合,通过系统化的知识体系给从事汽车维修接待服务的读者以知识和技能提高的支持;详细介绍和分析了汽车维修接待人员在服务过程中必须掌握的服务流程和各种沟通技巧;借鉴国际上最新的销售理念,针对目前国内汽车售后市场的实际状况,提出了一些有效的应对策略。本教材内容贴合实际,实战性和操作性很强,可以实现读者零距离学习汽车维修接待服务技能。

参加本书编写工作的有:北京交通运输职业学院王彦峰编写学习任务1—学习任务3,盛桂芬编写学习任务4,安徽交通职业技术学院杨柳青编写学习任务5,汤峰编写学习任务6,相象文编写学习任务7。全书由北京交通运输职业学院王彦峰、安徽交通职业技术学院杨柳青担任主编,江西交通职业技术学院邹小明担任主审。本书在编写过程中得到了一汽丰田、一汽大众、北京现代、北京奔驰、一汽奥迪、东风日产等品牌汽车经销商的支持,方庄丰田服务主管董平给予了很多的指导,在此一并表示感谢。

限于编者经历和水平,教材内容难以覆盖全国各地的实际情况,希望各教学单位在积极选用和推广本系列教材的同时,注重总结经验,及时提出修改意见和建议,以便再版修订时补充完善。

交通职业教育教学指导委员会
汽车运用与维修专业指导委员会
2012 年 6 月

目　录

学习任务1　汽车维修服务接待岗位认知 ⋯⋯⋯⋯⋯⋯⋯⋯⋯⋯⋯⋯⋯⋯⋯⋯⋯⋯⋯ 1

一、知识准备 ⋯⋯⋯⋯⋯⋯⋯⋯⋯⋯⋯⋯⋯⋯⋯⋯⋯⋯⋯⋯⋯⋯⋯⋯⋯⋯⋯⋯⋯⋯ 2

二、任务实施 ⋯⋯⋯⋯⋯⋯⋯⋯⋯⋯⋯⋯⋯⋯⋯⋯⋯⋯⋯⋯⋯⋯⋯⋯⋯⋯⋯⋯⋯ 23

　　项目1　维修服务接待流程的认知实践 ⋯⋯⋯⋯⋯⋯⋯⋯⋯⋯⋯⋯⋯⋯⋯⋯⋯ 23

　　项目2　维修服务接待岗位认知实践 ⋯⋯⋯⋯⋯⋯⋯⋯⋯⋯⋯⋯⋯⋯⋯⋯⋯⋯ 24

三、学习评价 ⋯⋯⋯⋯⋯⋯⋯⋯⋯⋯⋯⋯⋯⋯⋯⋯⋯⋯⋯⋯⋯⋯⋯⋯⋯⋯⋯⋯⋯ 25

学习任务2　客户预约 ⋯⋯⋯⋯⋯⋯⋯⋯⋯⋯⋯⋯⋯⋯⋯⋯⋯⋯⋯⋯⋯⋯⋯⋯⋯⋯ 28

一、知识准备 ⋯⋯⋯⋯⋯⋯⋯⋯⋯⋯⋯⋯⋯⋯⋯⋯⋯⋯⋯⋯⋯⋯⋯⋯⋯⋯⋯⋯⋯ 29

二、任务实施 ⋯⋯⋯⋯⋯⋯⋯⋯⋯⋯⋯⋯⋯⋯⋯⋯⋯⋯⋯⋯⋯⋯⋯⋯⋯⋯⋯⋯⋯ 37

　　项目1　电话预约定期维护的角色扮演 ⋯⋯⋯⋯⋯⋯⋯⋯⋯⋯⋯⋯⋯⋯⋯⋯⋯ 37

　　项目2　电话预约制动器噪声修理的角色扮演 ⋯⋯⋯⋯⋯⋯⋯⋯⋯⋯⋯⋯⋯⋯ 38

　　项目3　电话预约返工事宜的角色扮演 ⋯⋯⋯⋯⋯⋯⋯⋯⋯⋯⋯⋯⋯⋯⋯⋯⋯ 40

　　项目4　确定并非客户要求的预约日期和时间的角色扮演 ⋯⋯⋯⋯⋯⋯⋯⋯⋯ 41

　　项目5　在接待预约过程中解释定期维护的角色扮演 ⋯⋯⋯⋯⋯⋯⋯⋯⋯⋯⋯ 42

　　项目6　在接待预约过程中解释大修的角色扮演 ⋯⋯⋯⋯⋯⋯⋯⋯⋯⋯⋯⋯⋯ 43

　　项目7　在电话预约过程中确认客户信息的角色扮演 ⋯⋯⋯⋯⋯⋯⋯⋯⋯⋯⋯ 44

　　项目8　向客户推广预约系统的角色扮演 ⋯⋯⋯⋯⋯⋯⋯⋯⋯⋯⋯⋯⋯⋯⋯⋯ 44

三、学习评价 ⋯⋯⋯⋯⋯⋯⋯⋯⋯⋯⋯⋯⋯⋯⋯⋯⋯⋯⋯⋯⋯⋯⋯⋯⋯⋯⋯⋯⋯ 45

学习任务3　客户接待和车辆检查 ⋯⋯⋯⋯⋯⋯⋯⋯⋯⋯⋯⋯⋯⋯⋯⋯⋯⋯⋯⋯ 51

一、知识准备 ⋯⋯⋯⋯⋯⋯⋯⋯⋯⋯⋯⋯⋯⋯⋯⋯⋯⋯⋯⋯⋯⋯⋯⋯⋯⋯⋯⋯⋯ 52

二、任务实施 ⋯⋯⋯⋯⋯⋯⋯⋯⋯⋯⋯⋯⋯⋯⋯⋯⋯⋯⋯⋯⋯⋯⋯⋯⋯⋯⋯⋯⋯ 71

　　项目1　问候和咨询预约客户 ⋯⋯⋯⋯⋯⋯⋯⋯⋯⋯⋯⋯⋯⋯⋯⋯⋯⋯⋯⋯⋯ 72

　　项目2　问候和咨询未预约客户 ⋯⋯⋯⋯⋯⋯⋯⋯⋯⋯⋯⋯⋯⋯⋯⋯⋯⋯⋯⋯ 73

　　项目3　问候和咨询有关重复工作 ⋯⋯⋯⋯⋯⋯⋯⋯⋯⋯⋯⋯⋯⋯⋯⋯⋯⋯⋯ 74

　　项目4　在制动器噪声修理服务开始之前进行解释 ⋯⋯⋯⋯⋯⋯⋯⋯⋯⋯⋯⋯ 75

项目5　在开始定期维护之前的解释工作 …………………………………… 76
　　　项目6　在开始返修前的解释工作 ……………………………………………… 77
　　　项目7　给失约客户打确认电话,重新完成预约 …………………………… 78
　　　项目8　给失约客户打确认电话,确认客户失约原因 ……………………… 79
　三、学习评价 …………………………………………………………………………… 80

学习任务4　车辆问诊和预检 …………………………………………………… 86
　一、知识准备 …………………………………………………………………………… 87
　二、任务实施 ………………………………………………………………………… 109
　　　项目1　使用诊断工作单询问客户发动机失速问题 ……………………… 110
　　　项目2　使用诊断工作单询问客户车辆短促异响问题 …………………… 111
　三、学习评价 ………………………………………………………………………… 112

学习任务5　车辆修理和质检 …………………………………………………… 114
　一、知识准备 ………………………………………………………………………… 115
　二、任务实施 ………………………………………………………………………… 125
　　　项目1　将车辆信息传递给技师 ……………………………………………… 125
　　　项目2　从技师那里收集有关附加工作的信息 …………………………… 126
　　　项目3　征得客户同意,以便追加维修工作 ………………………………… 127
　三、学习评价 ………………………………………………………………………… 128

学习任务6　客户车辆交付 ……………………………………………………… 131
　一、知识准备 ………………………………………………………………………… 132
　二、任务实施 ………………………………………………………………………… 142
　　　项目　客户抱怨交车时未得到任何有关维修解释的角色扮演 ………… 143
　三、学习评价 ………………………………………………………………………… 144

学习任务7　不同维修业务的接待 …………………………………………… 146
　一、知识准备 ………………………………………………………………………… 147
　二、任务实施 ………………………………………………………………………… 165
　　　项目1　维修维护类车辆业务的任务实施及角色扮演的方法 ………… 165
　　　项目2　故障维修类车辆业务的任务实施及角色扮演 …………………… 167
　　　项目3　事故类车辆业务的任务实施及角色扮演 ………………………… 168
　　　项目4　服务顾问技能比赛 …………………………………………………… 169
　三、学习评价 ………………………………………………………………………… 170

参考文献 ……………………………………………………………………………… 175

学习任务1　汽车维修服务接待岗位认知

工作情境描述

汽车售后服务是提高客户满意度和增加企业利润的重要环节,在汽车售后服务的工作中,维修服务接待岗位是联结客户与企业的重要岗位。随着售后服务竞争的加剧和客户对售后服务工作的日趋理性化,众多的汽车品牌都针对售后服务制订了详细的工作流程和工作标准。其中,维修服务接待岗位专门负责客户的接待和车辆维修安排,该岗位工作需要很多的知识和技能,一个合格的维修服务接待(服务顾问)首先要清楚服务顾问这个岗位的职责、要求和角色定位。

知识目标

1. 描述业务接待人员的工作内容与相应责任;
2. 描述"客户期望值、舒适区、关键时刻"的概念;
3. 复述顾问式服务流程各阶段的基本内容。

能力目标

1. 能初步完成汽车维修的基本接待环节;
2. 能基本建立起顾客至上的服务理念;
3. 能正确理解维修服务接待岗位的相关职责。

素养目标

1. 树立热情服务的意识;
2. 树立诚信服务的意识。

学习时间

12学时

任务分析

汽车售后服务是汽车服务企业重要的利润环节。在该环节中,企业除了要把客户的车修理好、维护好外,还要把客户的心情管理好,以提高客户的满意度,就像某品牌提出的"专业待车、诚意待人"一样。只有高品质的服务质量才能提高客户对企业的忠诚度,使企业有一批忠实的客户,以保持企业的利润率。由于我国的汽车市场快速发展,而售后服务企业的服务质量还跟不上形势的发展,因此不断出现客户投诉的现象。随着服务竞争的加剧,汽车服务企业越来越重视对车的服务和对人的服务,在这种情况下,作为联结客户和企业的服务顾问,其作用就显得至关重要。在本任务中,重点要解决对服务顾问岗位的定位、角色理解,树立先进的服务理念和服务意识,为更好地从事本项工作奠定扎实的基础。

一、知识准备

1. 汽车后市场的基本情况

随着我国汽车产业的高速发展,汽车后市场的规模和结构也在发生着巨大的变化(图1-1)。原来通过汽车整车销售和售后服务为主要盈利业务的业态也在发生变化,在继续发挥整车销售和售后服务的基础上,众多的汽车服务企业开始通过平行业务(二手车、汽车金融、汽车延保、分期、汽车精品)提升盈利水平。随着互联网技术在汽车后市场的快速渗透,以及智能网联汽车技术和新能源汽车的出现,这些都对汽车维修服务接待提出了新的更高的要求。

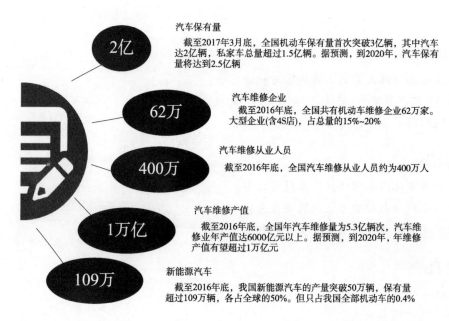

图1-1 汽车后市场的现状

通过调查发现,在汽车企业的盈利中,新车销售收入比重不断降低,而零部件和售后服务的收入比重却在增长。所以汽车品牌都无一例外地开始重视售后服务的品质。售后服务最关键的问题就是要确保有足够的到店客户,或者说要有足够的忠实客户。根据目前的汽车消费政策,车辆在保修期内,客户迫于索赔政策的限制,一般都会回到4S店进行维护和修理,而一旦车辆过了保修期,客户就会选择那些质量好、服务好、成本低、有竞争力的汽车维修服务企业,所以这些服务企业对客户的争夺就会显得日益激烈,其中,客户的满意度显得非常重要。经调查,在保修期间的客户满意度对保修期后的客户忠诚度有直接影响(图1-2)。

从图1-2可以看出,在保修期内,客户如果有较高的满意度,则对企业在后来能继续保有这些客户将会起到很重要的促进作用。

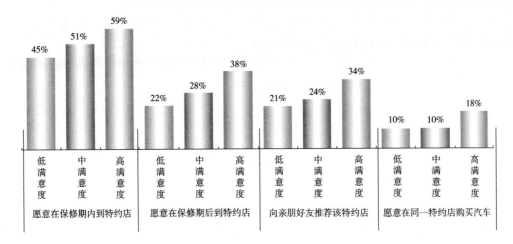

图1-2 客户忠诚度的影响

汽车售后服务是汽车后市场重要的利润来源,也是各个汽车品牌竞争的要地。随着市场竞争的加剧,如何保有更多的固定客户就成了各个汽车4S店的主要任务。许多汽车品牌都推出了自己特色的服务流程。例如,一汽—大众的"严谨就是关爱",一汽轿车的"管家式服务",奥迪的"以客户满意度为中心",上海大众的"大众关爱(TECHCARE)",上海通用的"别克关怀(Buick Care)""别克关怀,比你更关心你""Quality Care——精诚服务,延伸无限价值",凯迪拉克的"尊重尊贵、省心省事",上汽通用五菱的"专业服务,放心托付",上汽荣威的"尊荣体验",一汽丰田的"专业对车、诚意待人",广汽丰田的"顾客第一、服务至上""Personal&Premium——个性化与尊贵感",丰田公司的"CS NO.1"理念(Customer Satisfaction NO.1,顾客满意度第一),广州本田的"钻石级服务""亲切、确实、迅速、安心",东风日产的"钻石关怀,为您承诺",北京奔驰的"全心全意对朋友"的Friend品牌,北京现代的"真心伴全程",长安福特的"福特 QualityCare""精准、友善、专业",东风标致的"蓝色承诺""专业、体贴、守信",东风雪铁龙的"家一样关怀",东风悦达起亚的"客户满意是企业的生命",海南马自达的"蓝色扳手(Blue Wrench)",奇瑞汽车的"快·乐体验",比亚迪的"家庭式服务",上海华普的"水晶服务",吉利汽车的"关爱在细微处",奔驰汽车的"星徽理念",沃尔沃的"以客户价值为核心"等。以上这些服务品牌都包含了为客户服务的理念,都强调了客户接待过程的重要性。

2. 客户对维修服务的期望

在进行车辆维护和修理时,客户往往有自己的内心期望,经过调查,这些期望主要包括四个方面(图1-3):车辆的维修质量(4S店的技术服务能力)、与客户的沟通(4S店对人的服务能力)、维修时间和便利性、成本(金钱、时间、心情)。

1) 车辆的维修质量

在服务质量上,客户主要关注两件事情,一是车辆维修后是否还出现问题,二是车辆维修后是否干净。

图1-3 客户对维修服务的期望

2) 与客户的沟通

在与客户沟通上,客户主要关注以下事项:服务顾问是否完全关注他和他的需求;服务顾问是否提供了有帮助的建议;服务顾问是否解释了完成的维修项目;在将车辆送去维修前,服务顾问是否陪同客户一起对车辆进行了环车检查;自己是否收到提醒去维护的电话或短信、安排服务的方式是否合理;维修服务前,服务顾问是否提供了费用估算;服务顾问是否了解客户车辆以前的修理或维护情况;是否有人会告诉客户自己的车会在什么时候完成维护;服务顾问是否与客户一同检查车辆已完成的修理或维护工作。

3)维修时间和便利性

客户对时间和便利性的关注点主要有:服务的时间和客户的期望时间相比是否过长;修理或维护结束后,服务顾问是否在第一时间联系客户;维修花费的时间、消耗在填写书面文件及提车上的时间、等待被服务顾问接待的时间是否过长。

4)成本

在成本的期望值上,客户主要关注价格和价值是否匹配,费用是否合理,费用和自己的预期相比是否超出了很多。

通过以上对客户期望的分析,建议4S店和服务顾问必须要加强客户关注的标准服务项目,只有这样才能更好地提高客户的满意度,增加来店的车辆数。

3. 维修服务接待人员与工作职责

1)所扮演的角色

(1)以前的业务接待。在汽车售后市场还是卖方市场时,也有业务接待人员,那时对其的角色定位是这样的:我是一个技术员,我接修车订单;我诚实、努力,维修诊断是我工作中最重要的环节;我不寻找客户,客户会找我;技术第一,服务第二。

(2)现在的业务接待。随着汽车售后市场转向买方市场,对业务人员提出了新的角色要求:我是技术员,也是业务接待人员,还是心理学家、社会工作人员;客户的车要修好,客户的心情也要"修"好;我为客户提供咨询,让他们了解全车;我热情地为客户服务,以提升品牌的形象;为了客户利益,我推广合适的产品与服务;我给客户时间,用心倾听他们的谈话(图1-4)。

图1-4 服务顾问的角色

2)成功的业务接待必须具备的条件

完成工作目标和行动计划需要方法和行为,而方法和行为需要观念和理论基础,需要积极的态度和标准的相关准则。所以一个成功的业务接待要具备:正确的价值观、扎实的理论基础、较强的工作能力、勤奋的练习、熟悉各种服务标准、行动迅速等。

(1)成功的业务接待应具备的能力。一个成功的业务接待需要具备以下能力:乐观积极的态度和价值观、良好的沟通能力、良好的文字表达能力、良好的灵活应变能力、良好的组织协调能力、良好的观察能力、良好的承受压力能力、良好的创新能力、熟练的驾驶能力、熟练的计算机操作及分析能力、基本的外语沟通能力。

(2)业务接待应具备的知识。一个成功的业务接待需要具备以下知识：较强的汽车专业知识、良好的人际关系和沟通技巧、了解主机厂和企业服务政策与流程及其相关内容、特约销售服务店或特约服务站的内部结构和功能、正确的电话沟通技巧和礼仪、保修政策与程序、现有的汽车市场基本情况、竞争者的服务和维修价格、保险公司理赔政策与程序、一定的消费心理知识、一定的财务知识、一定的法律知识。

3）业务接待的工作职责和具体岗位

(1)业务接待的工作职责。根据调查，业务接待的工作职责有：

①及时热忱地接待客户。

②负责建立客户档案和客户车辆档案。

③正确检查、判断客户汽车故障并作出估价。

④在与客户达成一致后，负责填写和签订修理委托书。

⑤做好车辆维修结束后的后续工作。

(2)业务接待的具体岗位。根据调查，业务接待的岗位内容有：

①礼貌地接待客户，积极倾听并询问，以发现客户的需求。注意个人形象，确保在服务接待区内随时为客户提供高标准的接待。

②保持与客户的良好关系，达到和超越客户的期望值，明确及追踪客户的满意度。

③使用浅显易懂的语言，回答客户有关汽车保修及服务方面的专业问题，避免使用过多的技术术语。

④推动预约服务制度，在电话中回答客户的问题，或转接给合适的人员。

⑤建立工作档案、客户记录和跟踪系统，定期维护客户关系，以培育客户忠诚度。

⑥确认客户了解现有的产品和服务，以专业方式提供附加产品和服务，提醒客户定期到店维护的时间。

⑦将维修进度随时告知客户，告知并合理解释正确的保修政策。

⑧当客户付款时，根据维修工单解释材料和工时费用，陪同客户做好交接车前的环车检查。

⑨随时准备急救服务，落实看板管理。

⑩谨慎处理不满客户的投诉，有需要时，请相关人员介入，随时与车间及配件部门保持联系。

4）业务接待的定位

(1)在客户眼中，业务接待代表着特约销售服务店或特约服务站，同时也代表着汽车品牌公司。

(2)在整个特约销售服务店或特约服务站的角色中，业务接待代表着客户，是桥梁、是窗口、是信息交流的纽带。

(3)与销售部门的关系。业务接待承担着反馈客户的需求信息，并向其提供专业技术保障的任务。

(4)在服务经理眼中，业务接待是重要的商务代表，是辛勤、艰苦的工兵。

4. 维修业务接待人员的销售工作

第一台车是销售人员卖出去的,从第二台车起全是靠售后服务卖出去的。维修业务接待人员不仅要为客户提供顾问式服务——修好车,更重要地是推销我们的服务和产品。维修业务接待人员同时也是一名产品销售员,因此必须要了解和掌握销售的概念和流程。

1)销售的含义

(1)传统销售的含义。从传统角度来看,销售就是用钱来交换货物,是一种有组织地分配不同货物的方法,是帮助某些人发现某些事物价值的一个过程。整个传统销售过程中,不考虑客户的潜在需求,产品是第一位的。

例如,客户到服务站说要换机油,我们就只帮他换机油,客户付完钱就走了,这就是传统销售。

(2)顾问式销售(Consultative Service Process,CSP)的含义。从顾问的角度看,销售首先要识别潜在客户的需求并满足他们的需求,追求的是双赢,客户是第一位的。

例如,客户到服务站说要换机油,我们不仅要帮他换机油,同时还要对车辆进行相关的检查、检测,发现问题或隐患反馈给客户,针对这辆车制订定期维护计划,达成初步预约服务,这就是顾问式销售。

(3)传统销售与顾问式销售的比较。从上面的描述可以看出传统销售以商品为本,强调了单方赢;顾问式销售以客户为本,强调的是双赢(图1-5)。

2)销售的三要素

完成一个汽车服务产品销售过程,通常要了解构成汽车服务产品销售的三个要素:客户对汽车产品及服务的信心,客户对汽车产品和服务的需求,客户是否具备购买力。该三要素,我们简称之为信心、需求、购买力(图1-6)。

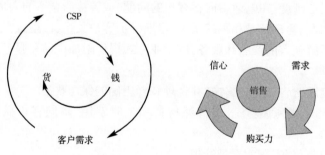

图1-5 顾问式销售 图1-6 销售三要素

客户只有有了需求,才会考虑购买相应的产品和服务。有了需求后,客户还要考虑对产品和服务的信心。客户有了需求但对产品和服务没有信心,同样不会购买产品。有了需求和信心后,如果客户没有足够的购买力,同样不能购买产品和服务,也就不会产生销售。所以,构成销售的三个要素缺一不可。在汽车销售的过程中,销售人员的主要工作就是挖掘和创造客户的需求,同时建立客户对汽车产品及服务的信心,进而促使客户购买,最终完成汽车销售的工作。

比如一位客户来到特约销售服务店,通过检查,业务接待告诉客户前制动片需要更换,否则,会影响行车安全或带来更大的经济损失(需求),费用为400元,这位客户身上带有足够的钱(购买力),并且听说会更换纯正品,由经过主机厂专业技术培训的维修技师负责施工,他感到质量有保障,很放心(信心),决定更换制动片。

(1) 信心。客户对产品的信心往往建立在产品本身、品牌、企业信誉、服务人员等因素上。所以企业和汽车业务人员最需要做的就是建立客户对产品的信心，否则，客户就不会购买我们的产品和服务，或者不通过我们的店及某个业务人员购买。

(2) 需求。客户的需求分为感性需求、理性需求、主要需求、次要需求等。客户表面上告诉我们的需求往往是他本人真实需求的一部分，所以挖掘客户的真实需求，对客户进行需求分析，帮助客户购买到真正符合他需要的汽车产品和服务，也是销售业务人员的专业所在。另据调查，大多数客户是不知道自己的真实需求的，在他们购买汽车产品或服务的决定中，感性需求占的比例很大。所以销售业务人员要学会创造客户的需求并分析客户的需求，帮助客户一起分析更换项目的用途、用车的成本、购买后给客户带来的价值等因素。这样做能体现销售业务人员作为服务顾问的价值，帮助客户购买到真正符合其需求，同时又称心如意的汽车维护和修理服务。

(3) 购买力。客户的购买力取决于他的"决定权"和"使用权"。销售业务的完成，一定要看客户的购买力，要帮助客户一起分析他的购买力，同时让客户去影响决定他购买力的人。

3) 顾问式销售的原则
(1) 最终目标双赢。
(2) 解决客户心中的不安，建立起客户对你的信任。
(3) 用坦诚增强客户对你的信任。
(4) 帮助客户作出正确决定。
(5) 在每个关键时刻给予客户超出其期望值的帮助，从而激发出客户对此的热情拥戴。

5. 顾问式销售服务

在许多企业中，一般都有法律顾问；在家庭里，也很需要有一个值得信赖的医生顾问。法律顾问在为企业提供法律服务、法律支持的同时获得一定的报酬；家庭医生顾问在为一个家庭提供医药服务及健康咨询的同时获得相应的报酬。那么在法律顾问给出建议的时候，是否会让人觉得是在推销呢？当然不会。医生顾问在为家庭成员推荐药品的时候，是否会被认为是在推销呢？当然也不会。因为在大家的心中，他们是专业的、诚实的、值得信赖的。作为一名服务顾问，是否仅限于做一名业务接待人员呢？还是要努力成为客户的专业服务顾问呢？为了更好地理解顾问式销售服务，我们通过一个故事来说明(图1-7)。

有一天，一位老人拎着篮子去楼下的菜市场买水果。她来到第一个小贩的水果摊前，问道："这李子怎么样？"

"我的李子又大又甜，特别好吃。"小贩回答。

图1-7 买李子

老人摇了摇头没有买。她向另外一个小贩走去问道："你的李子好吃吗？"

"我这里是李子专卖，各种各样的李子都有。您要什么样的李子？"

"我要买酸一点儿的。"

"我这篮李子酸得咬一口就流口水，您要多少？"

"来一斤吧。"老人买完李子继续在市场中逛，又看到一个小贩的摊上也有李子，又大又圆非常抢眼,便问水果摊后的小贩:"你的李子多少钱一斤?"

"您好,您问哪种李子?"

"我要酸一点儿的。"

"别人买李子都要又大又甜的,您为什么要酸的李子呢?"

"我儿媳妇要生孩子了,想吃酸的。"

"您对儿媳妇真体贴,她想吃酸的,说明她一定能给您生个大胖孙子。您要多少?"

"我再来一斤吧。"老人被小贩说得很高兴,便又买了一斤。小贩一边称李子一边继续问:"您知道孕妇最需要什么营养吗?"

"不知道。"

"孕妇特别需要补充维生素。您知道哪种水果含维生素最多吗?"

"不清楚。"

"猕猴桃含有多种维生素,特别适合孕妇。您要给您儿媳妇天天吃猕猴桃,她一高兴,说不定能一下给您生出一对双胞胎。"

"是吗?好啊,那我就再来一斤猕猴桃。"

"您人真好,谁摊上您这样的婆婆,一定有福气。"小贩开始给老人称猕猴桃,嘴里也不闲着:"我每天都在这儿摆摊,水果都是当天从批发市场找新鲜的批发来的,您儿媳妇要是吃好了,您再来。"

"行。"老人被小贩说得高兴,提了水果边付账边应承着。

故事讲完了,我们可以得到哪些启发呢?

三个小贩面对同一位老人,为什么销售的结果完全不一样呢?原因就在于第三个小贩通过提问和鼓励抓住了老人的最深层次的需求。那么这位老人归根结底最深层次的需求是什么呢?我们可以这样来分析:表面上老人买李子是给儿媳妇吃,实际上老人买李子不仅是为了儿媳妇,更重要的是为了孙子,这是老人购买的目标和愿望,也是产生购买需求的根源。所以,需求是一个五层次的树状结构,目标和愿望决定客户遇到的问题和挑战,客户有了问题和挑战就要寻找解决方案,解决方案包含需要购买的产品和服务以及对产品和服务的要求,这几个要素合在一起就是需求。客户要买的产品和购买指标是表面需求,客户遇到的问题才是深层次的潜在需求,如果问题不严重或者不急迫,客户是不会花钱的。因此,潜在需求就是客户需解决的燃眉之急,任何购买背后都有客户的燃眉之急,这是销售核心的出发点,而且潜在需求决定表面需求。所以顾问式销售的核心是把握客户的需求,深刻理解需求的五个层次(图1-8),帮助客户找到深层次需求并且满足其深层次需求。

在实际的维修接待中,许多客户是不知道自己的真实需求的,因此需要业务接待人员认真发挥顾问的功能,帮助客户找准并满足其需求,只有这样才能提高客户的满意度。

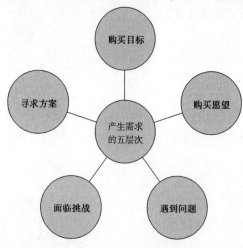

图1-8 需求的五层次

6. 维修业务接待需要具备的工作理念

理念可以指导工作,理念可以帮助人们摆正工作的心态,作为一名服务顾问,应该具备哪些先进的工作理念呢?汽车经销店的利润来源于销售(产品和服务),无论是售前、售中还是售后,汽车销售服务人员无时无刻不处在销售自己、销售公司、销售品牌的过程中。因此,汽车销售服务人员在与客户接触的各个关键点上,应全力提高客户的满意度,以取得客户的信赖,发现潜在客户的需求并满足这些需求,创造双赢的局面,这就是商家倡导的"客户关怀"的顾问式销售理念。

通过前面的分析,我们发现顾问式汽车销售更关注客户的需求和满足客户的需求,强调销售过程的服务和让客户满意。客户满意是评价销售活动质量的尺度,销售人员应与客户建立良好的关系,不断扩大自己的销售业务。高质量的产品和高质量的销售服务是使客户满意的关键因素。

客户满意度是每个汽车品牌和厂家都关注的一个工作指标,客户满意度的提升将会给企业带来极大的利润提升空间,因此,汽车销售人员一定要将提高客户满意度这个工作理念时刻放在自己的工作过程中。客户满意度是"客户的期望"与"客户的实际体验"相对比的结果。它不是一个绝对值,而是一个相对值,客户满意度与客户的期望和现实中客户所获得的实际体验有很大的关系。客户满意度不是一个瞬间值,而是一项需要长期进行的管理工作,它只会在汽车销售服务人员踏实的日常管理中不断提升。提升客户满意度,关键要转变观念,主要体现在以下3个方面。

1) 客户期望值与客户满意度

客户购买产品或接受服务时,常会有满意、失望、感动等心理感觉。这些心理感觉是客户内心的期望值与现实实际值经过比较得出的一种心理的体验。客户根据已有的体验、掌握的信息或通过别人的介绍,对即将购买的产品和接受的服务有一种内心的期待,这种内心的期待我们称之为客户的期望值。企业或工作人员在现实中给予客户的体验,我们称之为客户实际的体验值,期望值与实际值的比较,客户可以有三种不同的心理感觉(图1-9):失望、满意、感动。

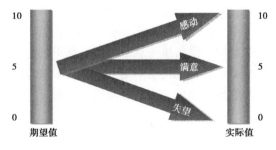

图1-9 客户期望值与实际值比较

客户对产品或服务感觉到失望时,就不会再回来购买;客户对产品或服务感觉满意时,可能会回来,也可能会尝试其他的产品或服务;客户对产品或服务感到感动时,大多时候他们会再次光临。所以我们要尽量超越客户的期望值。

如何超越客户的期望值呢?根据对期望值的理解,我们发现要想让客户满意或感动有两种方法:一是降低客户的期望值;二是提高给客户的体验值。在工作中,这两种方法都可以采用。

(1)超越客户期望值的方法。

①不花钱的方法:记住客户的姓名、情况;记住客户的生日、结婚纪念日,届时可打电话以示祝贺;态度热情,微笑服务;整洁的环境,注意个人清洁;迎送客户;随时有人接听的24h电话等。

②花钱不多的方法:赠送小礼品、磁卡、电话本;提供饮料、茶水、报刊、音乐、药品、免费的员工工作午餐;员工统一制服、形象;接送客户服务;提供优雅的接待环境;逢节日、生日给有记录的客户送鲜花、礼品等。

(2)超越客户期望值的程度。

给客户的现实体验不是越高越好,建议超越客户期望值一点点即可。因为客户的期望值会在其体验中不断提升,一次超越太多的话会增加企业的成本,也达不到让客户惊喜的目的。客户期望值来自其以往的经验,期望值不会一直保持在同一水平。如果客户先前来经销店有香槟喝,客户很满意,而下次再给客户香槟喝他们会感觉是应该的,他们会期望更好的回报。

2)关键时刻(Moment Of Truth,MOT)的概念

在竞争日益激烈的市场中,产品本身所能带给客户的感动已不是非常明显,在众多的汽车销售公司里,由于每种品牌、每种型号的汽车,都以完全相同的规格出厂,汽车本身的品质事实上都是大同小异的,无论是性能或是价格都基本类似。那么怎样使客户在众多汽车销售公司里选择在你的展厅购买呢?这就取决于客户是否能够在你这里得到超越期望值的感动!在提供服务给客户,以期望取得客户的满意与感动时,我们提出这样一个概念:关键时刻(MOT)。

20世纪80年代,北欧航空卡尔森总裁提出:平均每位客户在接受其公司服务的过程中,会与5位服务人员接触;在平均每次接触的短短15s内,服务人员的行为就决定了整个公司在乘客心中的印象。故定义:与客户接触的每一个时间点即为关键时刻,它是从人员的外表(Appearance,A)、行为(Behavior,B)、沟通(Communication,C)三方面着手进行判断。这三方面给人的第一印象所占的比例分别为外表52%、行为33%、沟通15%,这些是影响客户忠诚度及满意度的重要因素。

我们列举几个其他行业的小故事,以更加具体深刻地了解关键时刻的重要性。

故事一:某年,瑞典航空公司由于管理、经营等各方面的因素,自身面临严重的危机,经由瑞典航空公司上级决定,立即聘用一位新执行总裁。新总裁所作的第一个决策,便是提升服务品质。某日,一位旅客在检票口突然发现机票不见了。检票小姐立即作出反应:安抚旅客焦虑的心情,让旅客静心回想机票放到了哪里。当旅客回忆起机票可能落在宾馆房间时,检票小姐立即为该名旅客补票。旅客登机后,检票小姐马上通知相关人员去宾馆寻找,旅客的机票确实留在了房间的桌上。

新总裁赋予了检票小姐为旅客补票的权力,大大提高了服务人员为客户服务的质量与效率,新总裁为此定义:任何一名员工与客户接触的机会都是提升服务品质的关键时刻。

故事二:曾有位朋友喜欢在咖啡店里完成他的一些作业。一天,他随机选择了一家咖啡店,而那家咖啡店确实给了他感动的服务。

"欢迎光临!您好,请问先生几位?"

"您需要用电脑吗?我带您去有插座的位子。"

"请问您是否需要上网?"

服务生简单的几句话着实超出了这位朋友的期望值。

虽然并非只有这一家咖啡店如此,但在以后相当长的一段时间内,他会决定来这家店,而不再去尝试其他的咖啡店。

所以,这些互相接触的短时间都发挥着它的重要作用,我们称之为关键时刻。正是这些短暂的一刻给客户留下了深深的印象,最后形成了客户心目中的总体印象。

由此可见,客户最终的购买决定是由许许多多个真实一刻决定的。重视汽车销售活动中每个短暂一刻(图1-10),给客户留下深深的印象,从而使其在购买时作出小小的决定。这些小小的决定最终会影响到客户最终的购买决定。所以,汽车销售人员在销售过程中要关注客户需求的细节。

图1-10　关键时刻

3)舒适区的概念

日常生活中,做一些自己每天都在做的事情时,我们感到毫无压力,回到自己家里我们会感觉很舒适。这是因为这些事和空间是我们所熟知的,我们称这些自己熟知的事情和空间是我们的舒适区(图1-11)。在自己的舒适区内,人们会感觉很舒适。相反,在舒适区外时,人会有一种不确定、未知的感觉。比如去别人家做客,我们就会感到拘谨,因为自己的家里是自己的舒适区,别人的家是别人的舒适区,所以我们会感到不适。

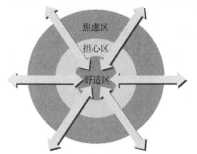

图1-11　舒适区的概念

客户进入展厅后,由于没有熟悉或认识的人,对环境也感觉陌生,很可能会产生焦虑情绪。在与销售人员还未建立信任关系时,客户会担心选错品牌,担心价格贵了,担心产品是否会有瑕疵等,此时客户处于担心区内。在舒适区这个阶段,由于客户与销售顾问已建立了一定的信任关系,客户对于销售顾问的服务也产生了信心。

把这个概念引入汽车售后服务中,我们就会发现,经销店的售后接待大厅对业务接待人员来说是舒适区,对客户来讲就是客户的担心区或者焦虑区,客户在此会感觉不自在。所以,从客户的角度考虑,业务接待人员要通过自己热情的服务尽快将接待大厅变成客户的舒适区,让客户放松下来,而不要自我暗示经销店是自己的地盘,不考虑客户的感受。

舒适区的概念是一个重要的销售理念,它的目的就是提供无压力的销售环境。在三个阶段内,服务顾问要做到以下几点。

(1)在客户的焦虑区内要关心客户。在焦虑区中,服务顾问只要能够做到关心客户就可以了,从迎接客户开始,建立良好的第一印象,但不要直切入主题,可与客户闲聊、拉近关系,让客户有你是他的朋友或一见如故的感觉。例如,"你平时做什么运动啊?"同时,你也可以据此大约判断客户的购买力。

(2)在客户的担心区内要影响客户。在担心区中,服务顾问对客户真诚的态度、对各种产品的了解、对市场的熟悉以及服务顾问的专业知识,都开始慢慢对客户产生一种影响力。

(3)在客户的舒适区内要控制客户。在舒适区中,服务顾问需更多地了解客户,了解其购买需求,并为其提供合理建议,增加客户对服务顾问的信任感。所以服务顾问要以最快的速度使客户达到舒适区,客户一旦进入舒适区,接下来的销售工作就更容易开展。

我们从客户及业务人员两个角度来讨论他们在舒适区内外的感受及行为。客户进入汽车业务接待大厅问的第一个问题往往是得花多少钱?"多少钱"表面上看是购买力的问题,其实不是。但为什么很多不同的客户都会问同样的问题呢?因为客户进入大厅,大厅里的一切对他来说不是舒适区,他要寻找舒适区,要询问适合自己购买的心理价位。当得到的答案是这么贵时,他们马上会退回到他们自己认为的舒适区。因为他们并不了解产品,也没有得到应有的服务。由此看出,经销店和汽车服务人员要多从客户的角度看自己的服务,最大限度地扩大客户的舒适区。

7. 顾问式维修服务流程

要使客户满意,除了需要有一套规范的服务标准(即客户满意标准)以外,还需要一个维修服务流程。对客户礼貌、对客户微笑只是服务人员对客户应该持有的态度,它不等于服务。如果没有一个很好的、保证一次性就能完成维修工作的制度或者维修服务流程,再动人的微笑也不可能使客户留下来。

维修服务流程即维修企业的业务流程,是产生某一结果的一系列作业或者操作,特别是指连续操作或者作业。流程通常有四个特点:输入、输出、客户和核心处理对象。维修服务流程输入的是客户的故障信息和客户的故障车辆;输出的是修好了的车以及维修中心的服务;每一个流程都必须有客户,如果没有客户,这个流程就没有意义;每一个流程都有一个核心的处理

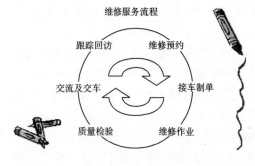

图 1-12　维修服务接待核心环节

对象,维修服务流程的核心处理对象是故障车。整个流程是跨职能部门的操作或处理方式。

以前的汽车维修行业中也有服务流程,但局限于等待客户到来报修车辆,然后接待客户、修车,完工后把车钥匙给客户,客户把车开走。现在的维修服务流程是对传统流程的改进,一切都以客户为中心,是以客户为主体的服务流程。通常,这个流程包括 6 个核心环节(图 1-12),维修预约、接车制单、维修作业、质量检验、交流及交车、跟踪回访。

维修预约主要指在客户到店之前,准备好相关的资料信息;接车制单主要指与客户打交道的最初时间,了解客户,并让客户信任你,使客户建立对本企业的信心,同时还要对客户进行需求分析和服务产品介绍;维修作业主要指维修企业的工作人员对车主的车辆进行专业维修;质量检验主要指确认前面的工作是否到位;交流及交车主要指通过向客户展示服务成果来创造客户对服务的认可;跟踪回访指在三个工作日内对顾客进行售后关怀(跟踪),维持顾客的热情。在整个维修服务过程中,服务顾问可能会遇到客户的抗拒和不配合,此时服务顾问要以正确的态度和技巧处理异常情况,以达到双赢目的。

随着企业间竞争的加剧和服务意识的提升,目前的顾问式服务流程更加关注客户的需求,同时拓展流程环节,形成了 13 个环节(图 1-13),包括:招揽客户、预约服务、客户接待、预检和诊断、估价和客户安顿、派工、零件出库、车间作业、完工检查、车辆清洗、验车结算、交车送行、跟踪服务。维修服务接待的内容也同时扩展到了 13 个环节。

学习任务1　汽车维修服务接待岗位认知

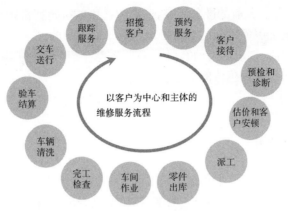

图 1-13　顾问式服务流程

针对以上对服务顾问角色及岗位的描述,在学习过程中可采取角色扮演的方法执行相关概念及内容的演练,以此判断学生是否掌握和理解了维修服务接待的岗位定位和角色定位。

8. 维修接待工作的基本内容及实践

根据对汽车维修服务企业尤其是品牌特约服务站的调研,目前的维修接待工作主要内容如图 1-14 所示。

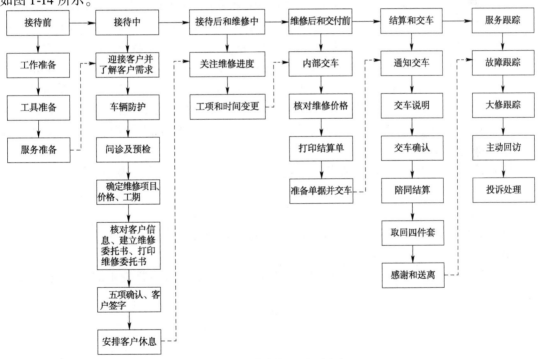

图 1-14　维修接待流程主要内容

1）接待前

接待前的主要工作是准备。准备阶段主要指在客户来店之前,准备好服务顾问及客户的各种资料信息。在开始一天的正式工作和每一次接待工作之前,服务顾问需要了解自己相关的工作准备是否就绪,几分钟有序的检查完全可以避免接待中的慌乱,并大大提高工作效率和服务质量。在工作准备中,需要从工具、人员情况、预约情况、环境情况、未完成的工作着手准备。

(1) 工作准备。服务过程前的准备越完善,客户产生的抗拒就会越小。

①准备的目的。通过服务顾问的准备可以达到下面的目的:

a. 超越客户的期望值,创造热情的客户。

b. 建立客户对公司及业务接待的信心。

c. 更好、更准确地了解客户需求。

d. 更好地消除客户的顾虑。

e. 取得自信和专业形象。

f. 营造双赢的气氛。

②准备的内容。准备的内容主要包括两方面,一是业务接待方的准备,包括环境、人力、各式表格、进厂路线、活动内容;二是客户方的准备,包括维修记录、背景、专案、付款方式、可能提出的问题、是否经常提出接送服务的要求等。

③定期维护。定期维护是维修企业依照生产厂家的要求,对车辆消耗性的配件进行调整、补充、润滑更换及制订其他预防性的措施。通过定期维护可以增加特约销售服务店或特约服务站的效益,可以增加特约销售服务店或特约服务站与客户见面的次数。定期维护是客户对汽车4S店忠诚度的表现,可以降低4S工时成本。

④准备阶段的关键环节。准备阶段有以下关键环节:接待处的周围是否放有未经整理的废旧书籍、垃圾、废弃物,以及书报是否及时更新;室内的照明设施、音乐、电视、空调、香气是否会令客户感到不快;4S店内外的花草是否枯萎或杂乱;伞挂、衣钩、垃圾箱、洗手间等设施是否为客户提供了方便;客户休息厅是否干净;业务接待台是否整洁且有明显的"业务接待""索赔""结算"等标志牌,接待客户的座椅是否整洁、完好;客户投诉箱位置是否醒目,是否做到定期、定人查看,是否做好记录并及时处理;工作人员是否着装统一规范、坚守岗位,是否做一些与工作无关的事;业务接待区域是否张贴组织机构图和维修工作流程图;组织机构图是否贴有相关工作人员的照片,并有姓名和工号。

(2) 工具准备。接待工作中会使用到很多工具,每一种工具定位在何处、数量有多少、性能如何,服务顾问必须要非常清楚。如果客户看到他的服务顾问手忙脚乱地翻找工具,则其对服务顾问的信任度和服务的印象会大打折扣。

为了能更好地服务于客户并使自己拥有良好的工作心情,请按5S的方法检查并维护好各种工作用具。

请在接待前仔细检查以下工作用具的数量、位置和性能,可以以检查单的形式进行提醒,见表1-1。

检 查 单　　　　　表1-1

检查项目	完成情况	检查项目	完成情况
充足的维修委托书		计算机(DMS系统)	
各种工作章		打印机	
四件套		有水的笔(包括客户使用的笔)	
订书机(请检查其内是否有钉)		结算单打印纸	
硬板夹子		名片	

①了解人员情况。在接待工作开始之前,服务人员需要根据以往一天的接待量来核对人

员服务能力。作为服务人员需要考虑以下几个方面的问题。

a. 服务顾问人员：我的同事是否都正常到岗，如果有人缺岗，意味着我的接待工作量将加大。高峰时期要求必须提高接待效率，一些不紧急的工作可能需要调整到第二天再做。

b. 维修人员：车间的维修人员和维修能力是否充足，如果留厂维修车辆数量过大，即使维修人员数量足够也可能无法满足当日的维修需求，并可能形成恶性循环。

c. 技术人员：技术专家或主力维修人员是否在岗，有疑难技术问题是否能在最短的时间内找到最适当的人员来解决。

d. 管理人员：我的上级是否在岗，出现重大问题需要尽快寻求其支持。

②了解预约情况。预约是有效管理客户和主动安排接待工作的工作方法，作为服务顾问，需要在接待工作开始之前确认以下内容。

a. 预约车数：今天总体的预约车数是多少，我的预约客户是多少，其他服务顾问缺岗转给我的预约车数是多少。

b. 预约项目：针对预约车的维修项目核对服务能力，人员、场地和设备是否能够满足需求。

c. 预约时间：是否需要调整工作安排，以使服务顾问在预约时间段内能够轻松地接待预约客户。

③检查环境情况。服务顾问需要对自己的接待环境（工作环境）进行检查：接待台周围的环境卫生情况、客户的座椅摆放、桌面（工具摆放）的清洁程度、停车区是否有充足的车位、雨雪天气是否准备好雨伞、大门口有无防滑设施；接待区和休息区的温度、湿度、气味、音乐是否合适；是否有充足的纸杯、饮料和纯净饮用水。

④检查未完成工作。很多未完成的工作对接待工作可能会有很大影响，并有可能因为今天工作忙而忘记去继续完成先前的工作，因此，在开始新的工作前，服务顾问需要对未完成工作进行自我检查。

a. 前一天未完成的工作：昨天未联系到的、需要更改或增加维修项目的客户，今天一定要继续联系。

b. 留厂车的进度：一定要清楚留厂维修或检查的车辆在今天的进度，客户可能随时打电话或来厂询问。

c. 晨会记录：如果今天由于外出或迟到而没有参加晨会，一定要了解晨会的最新内容（查看晨会记录）。

⑤工作准备小结。以上的各种准备工作虽然项目多，但如果养成定期检查的习惯就不会占用太多时间，坚持这样去做就形成了主动准备工作的习惯。用十分钟的主动工作换来全天的顺畅工作，杜绝盲目被动的工作方法，使自己能够在工作中找到更多的乐趣，以更好地为客户服务。

（3）服务准备。服务准备是检查自己是否已经进入服务状态。请在接待工作开始之前检查自己的着装、仪表和精神状态是否达到服务标准。

①状态。在接待工作开始之前，我需要检查自己的工作状态。

a. 身体状态：如果身体不适或过度疲劳请及时调整，较差的身体状态会导致注意力不集中、精神萎靡，在工作中容易出错并给客户留下较差的印象。

b. 精神状态：如果身体状况良好，但因为其他事情导致精神状态不佳时，请在接待工作开始之前进行调整，做到集中全部注意力，精神饱满。

②仪容仪表。仪容仪表是服务的基本素质要求,请检查自己在以下方面是否符合标准:工装整洁、胸卡佩戴在正确位置、头发整齐(不过长或过短)、胡须定期修理、口气清新、不佩戴饰品。

③微笑服务。在身体和精神都进入工作状态以后,我们需要保持愉悦的心情,并在整个服务过程中保持微笑:在面对客户时保持微笑,在接听电话时保持微笑,在遇到同事时微笑示意。另外,微笑是可以感知的,在打电话时,你的微笑同样可以通过你的语气传达给对方,让对方感到你的微笑。

2)接待中

在工具设施准备好、服务接待人员进入服务状态后,就可以开始接待工作了。接待中,按照先后顺序进行以下工作:迎接客户并了解客户需求,车辆防护,问诊及预检,环车检查,同客户确定维修项目、价格、工期,核对客户信息、建立维修委托书、打印维修委托书、五项确认、客户签字,安排客户休息。

(1)迎接客户并了解客户需求。当客户开车来到维修站时,保安人员应礼貌问候并指挥客户停车(图1-15),同时使用对讲机等通信工具通知服务顾问。

在这个环节中,如果遇到雨雪天气,保安人员应携带雨具帮助客户下车并送至接待区。对于业务量比较大的网点,应该考虑在维修高峰期设立维修引导员,可以由服务顾问轮流担任,这样可以在客户到店之后第一时间有人迎接,使客户情绪更快地由焦虑区进入舒适区。

图1-15 迎接客户

①迎接客户。服务顾问见到客户后,第一时间应对客户进行主动、热情的问候(图1-16)。这样做的目的是为接待工作创造愉快的气氛,使客户能够感受到热情、友好的氛围,尽快帮助客户进入舒适区。

②初步了解客户需求。在服务顾问主动问候客户后应马上询问客户的需求(图1-17)。这样做的目的是根据客户的需求尽快进行相应安排。

图1-16 迎接客户

图1-17 了解客户需求

(2)车辆防护。在初步了解客户需求之后,如果判定客户车辆需要进行维护或修理操作,服务顾问应在第一时间对客户车辆进行防护(图 1-18)。这样做的目的是表示对客户车辆的重视,体现出服务顾问对客户的关心和尊重,以使客户感觉舒适。

图 1-18　车辆防护

(3)问诊及预检。许多客户到 4S 店来不仅仅是为了维护或者也没有很明确的修理要求,而是觉得车辆某些方面可能有问题,这就需要服务顾问能够通过问诊和车辆预检发现问题,并以专业的知识为客户提供维修建议或者消除客户的疑虑。高效、准确的问诊和预检工作能够帮助服务顾问从一开始就发现客户车辆的问题所在,从而避免因反复与客户沟通而浪费时间,以便提高一次修复率。

问诊及预检的主要工作有:倾听客户陈述,通过提问引导客户正确描述故障现象,对故障或者报修的车辆进行预检,对故障进行初步的判断或者对故障现象进行详细的描述,以帮助技术人员查找故障。

①倾听客户描述。服务顾问要仔细认真地倾听客户对故障的描述(图 1-19)。这样做的目的是通过对客户的描述进行记录和分析,以便作出初步判断。

图 1-19　预检和问诊

②初步诊断。通过初步诊断可以快速准确地确立服务项目。

③预检。服务顾问应该仔细地进行预检。通过预检可以增加维修项目,进行服务营销,增加单车产值。

④环车检查。在正式确定维修内容之前,服务顾问需要和客户一起对车辆进行环车检查(图 1-20)。帮助客户了解其车辆的基本情况,与客户共同确认并记录车辆外观情况,保证维修后客户取车时,车辆情况(除维修部分外)与原来一致。

图 1-20　环车检查

特别需要提醒的是,服务顾问在检查中发现的任何问题都应该给客户指出来,并在维修委托书上注明,请客户签字确认,这样可以避免交车时出现纠纷。

(4)同客户确定维修项目、价格、工期。经过初步诊断确定维修项目后,服务顾问应作出价格估算和确定预计完成时间并告知客户。

(5)核对客户信息、建立维修委托书、打印维修委托书。在客户认可维修工作之后,服务顾问应将确认内容形成纸质合同(维修委托书)。正式合同如图 1-21 所示。

××××特许销售服务商维修委托书

特约商编号:600307

维修委托书号	购车日期	服务顾问	车牌号	车型	行驶里程	颜色	进厂时间
××××	2004-1-23	王××	京×××	XS	34374	黑	2006-5-21 14:21
送修人	联系电话		VIN		发动机号/备件组织号		预计完成时间/变更
李××	1390111×××		LDC912W293837××××		800×××/100××		05/23/17:00/
车主	×××		报修原因				
联系地址: 北京市××区文景苑×号楼××× 邮政编码:××××××			客户描述: 后保险杠右侧划伤,补漆; 左后底部处行驶中异响; 加油时车辆抖动严重(客户反映外地加油后); 右前门打不开; 做维护				

换机油机滤□	换汽滤□	换空滤□	换防冻液□	定期维护□	
维修项目		维修技工	备件名称	数量	价格/担保	批准

维修项目		维修技工	备件名称	数量	价格/担保	批准
B类维护,火花塞不换	564+130	赵××	机油	1	148	
试车,检听左后底部异响			机滤	1	59	
PP2000检查发动机,查车抖	180		汽滤	1	98	
拆检右前门,检查门锁		李×	空滤	1	105	
			空调滤芯	1	154	

图 1-21

			孙×	右前门锁	1	索赔	李×
后杠右侧补漆		200		右前半轴	1	2939	王××
增项:更换右前半轴　　　　　　　　2939+360							
服务顾问签字:王××　　客户签字:李××							

车辆外观	工费估算:510+360=870(元)
	材料估算:564+2939=3503(元)
	维修费用总计约:1074+3299=4373(元) 声明:维修费用以实际发生费用为准
	对本次维修的旧件您希望　　带走☐　放弃☑ 声明:兑现质量担任承诺所更换的备件所有权归×× ××所有
	您的车辆外观是否需清洗　　清洗☑　不清洗☐
	您对本次维修是否满意 非常满意☐　基本满意☐　不满意☐　其他意见☐

轮盖	OK	随车工具	OK	其他	感谢您提出的宝贵意见,这对我们改进服务非常重要
备胎	OK	前标	OK		
燃油	E～F	后标	OK		您希望我们对您进行电话回访吗?回访☑　不回访☐ 您希望的回访电话:010-6109×××(单位电话)
请您确认车内文件及物品、现金已经取出					

服务顾问签字:王××　　　　　　　　　　　　　　　　客户签字:李××

图1-21　维修委托书

(6)五项确认、客户签字。在维修委托书打印完毕之后,服务顾问应将维修项目、预计价格、预计完工时间、是否洗车、是否保留旧件这五项内容逐一和客户正式确认并请客户在维修委托书上签字,交给送修人维修委托书客户联作为取车凭证。这样做的目的是让客户确实了解合同内容并确认(图1-22)。

(7)安排客户休息。维修委托书确认完毕后,服务顾问要根据客户的需要安排客户休息或离店(图1-23)。这是很重要的工作,不理睬客户会使客户不知所措。

图 1-22　寻求客户的确认

图 1-23　客户休息室

3）接待后和维修中

当车辆开始进入维修后,服务顾问需要紧密关注车辆的维修进度并根据进度和维修变化及时作出安排。

(1) 关注维修进度。服务顾问应主动掌握自己接待车辆的维修进度,如感觉在预计时间内无法完成维修任务,则需要及时调整并通知客户。

(2) 工项和时间变更。当维修项目和完工时间发生变化时,服务顾问要立即通知客户,重新进行费用和时间的确认。

4）维修后和交付前

在车辆维修之后,服务顾问需要对车辆的维修情况进行确认,并准备相关的单据,为交付车辆做好充分准备。维修后而交付前主要包括内部交车、核对维修价格、打印结算单、准备单据并交车等环节。

(1) 内部交车。服务顾问要对维修后的车辆进行确认和检查,确保故障已消除、维修委托书上的要求全部满足。这样做的目的是预防在向车主交车时发现未完成的维修问题。

(2) 核对维修价格。服务顾问要核算维修价格与估价价格是否一致。这样做的目的是可以发现费用问题并及时处理,避免在交车时引起客户不满。

(3) 打印结算单。服务顾问在确认维修内容后,将结算内容打印成结算单(图 1-24)。这样做的目的是为客户提供消费明细的说明。

(4) 准备单据并交车。完成所有交车需要的单据和准备工作后,服务顾问就可以准备交车了。这样做的目的是将维修工作完美地展示给客户。

5）结算和交车

在维修内容都已复核无误及所有单据准备完成之后,服务顾问要通知客户取车,进入结算和交车环节,此环节是服务流程中的重要环节。在前几个环节中,客户逐步建立的愉悦心情和信任可通过服务顾问专业周到的交车服务得到提升和加强;反之,将改变客户全部的良好印象,失去客户的信任。因此前几个环节都是在为交车服务做准备。交车的主要步骤是:通知交车、交车说明、交车确认、陪同结算、取回四件套、感谢和送离。

××××特许销售服务商维修结算单

****特许销售服务商 地址:天安区××号 电话:6543××× 传真:6543××× 投诉电话:8166××× 邮编:42351 网址:www.××××.com	维修委托书号:2006050234 进/出厂日期:20060521/20060524 进/出厂里程:34374/34395 服务顾问:王××
客户资料: 送修人:李×× 联系电话:1390111××× 车主:××× 地址:北京市××区文景苑×号楼×××	车辆资料: 车牌号:京×××× 颜色:黑 车型:XS VIN:LDC912W293837×××

维修与备件项目清单:	工费
B类维护(客户要求火花塞不换)	80
试车(与客户一起),未见左后异响。检查左后底盘,未见异常	免费
PP2000检查发动机,未见异常	免费
更换右前半轴	150
后保险杠右侧补漆	200
更换右前门锁	索赔
备注:建议立即更换前制动片,该制动片可能导致制动不良	

收费清单: 支付方式: 收银员:	付款日期: 金额:	工费:430 备件费:1128 工时折扣: 应收:1558
客户签字:李××	服务顾问签字:王××	收银员签字:王××

图1-24 维修结算单

(1)通知交车。在完成交车的全部准备工作之后,服务顾问要立刻通知客户。

(2)交车说明。服务顾问要向客户展示说明所做的维修工作和收费明细,取回维修委托书客户联。这样做的目的是向客户展示工作内容,验证维修效果。

(3)交车确认。交车前,服务顾问需要针对维修工作的费用向客户进行详细说明,并得到客户的签字确认。

(4)陪同结算。此环节要求服务顾问陪同客户到收银处结算,交付客户相关收费凭据和车辆钥匙。

(5)取回四件套。此环节要求服务顾问陪同客户到车辆前,帮助客户取回四件套(图1-25),并将取下的四件套收入垃圾桶。这样做的目的是与初次见到客户时的工作相对应,体现维修服务企业全程对车辆的保护。

(6)感谢和送离。服务顾问要帮助客户上车,感谢客户光临,目送客户离开(图1-26)。

图1-25 取回四件套

图1-26 感谢客户

送离时,服务顾问应对客户提供有益的道路参考,提示客户系好安全带等,这样的提醒会使客户感觉到企业对他的关心。如"您出门后右转,在第一个信号灯掉头就可以直接上四环了"。

6)服务跟踪

当交车结束、客户离店后,服务工作仍没有结束,服务顾问还需要进行以下工作:对未检查出故障的客户车辆继续跟踪,对车辆大修的客户进行主动联系,对在维修过程中产生抱怨的客户主动进行回访;若客户离店后对此次服务抱怨或投诉,则需积极协助相关人员进行处理。

(1)故障跟踪,即对未检查出故障的客户车辆继续跟踪。某些客户反映的故障现象不易经常出现,有时会通过更换部分部件进行试验,并由客户继续使用车辆进行观察。在此过程中,需要服务顾问按照与客户约定的观察周期定期和客户联系,确认故障是否重现。这样做的目的是使客户协助进行故障判断,既不影响客户用车,又节省了服务人员和场地,体现出对客户的关怀。

(2)大修跟踪,即对大修的客户进行主动联系。对进行了大事故维修、总成大修的客户,服务顾问要定期进行联系问候,询问车辆使用情况,提醒客户定期回厂检查或维护。这样做的目的是保证客户车辆在进行操作复杂的大修后能正常使用。

(3)主动回访,即对在维修过程中产生抱怨的客户主动进行回访。在维修中,某些客户由于种种原因产生不满,可能在离店时仍有情绪,负责接待的服务顾问应主动进行回访,努力消除客户抱怨情绪。

(4)投诉处理。客户离店后对此次服务产生抱怨或投诉,服务顾问则需积极协助相关人员进行处理和预防。某些客户离店后对此次维修产生这样或那样的抱怨或投诉,一旦在客户关系回访时形成投诉记录,作为最了解上次接待过程的服务顾问,要积极参与投诉分析,制订解决方法,尽快联系客户,以消除客户情绪问题。

纵观以上接待过程,我们可以发现,接待服务工作中很多的内容都是检查和准备工作,服务顾问要用主动收获代替被动损失,用积极预防代替慌乱补救。这样,维修服务接待工作才能达到预期的目标,才能生产出高质量的服务产品,才能持续获得客户的信任。

针对以上关于维修服务接待各环节的描述,学生可针对接待过程中的每个阶段逐一开展角色扮演实践活动,从中体验自己是否了解和理解维修服务接待的内容,并思考每个环节中需要什么样的知识和技能,有哪些难点和重点,为后续的项目学习奠定基础。

二、任务实施

你是一名想从事汽车维修服务接待的学生,请你根据任务分析,完成顾问式服务接待的各个环节,并认真体会服务顾问的岗位职责、角色定位和工作内容。

1. 信息收集和处理环节
(1)收集服务顾问岗位职责的资料。
(2)收集服务顾问岗位要求的资料。
(3)收集服务顾问角色定位的资料。

2. 制订工作任务的方案和计划
(1)根据给定的工作场景,设定服务顾问的工作任务,展开服务顾问角色讨论和工作内容讨论。
(2)就服务顾问的工作有哪些难点展开讨论。
(3)就如何做好一名合格的服务顾问展开讨论。
(4)制订服务顾问的角色说明方案。
(5)制订服务顾问的顾问式服务各环节演示方案。

3. 任务方案确定环节
(1)展示、说明自己的学习方案。
(2)讨论、修改学习和展示方案。
(3)确定方案。

4. 方案实施环节
(1)说明你对服务顾问岗位的理解。
(2)展示你对顾问式服务各环节的应对方法。

5. 检查控制环节
(1)在方案实施过程中,检查实施过程是否完整。
(2)检查方案实施过程中要点和内容的正确性。

6. 评价反馈环节
(1)在方案实施过程中,你是否体现了所说的角色定位。
(2)在方案实施过程中,你是否体现了顾问式服务的工作理念。
(3)在顾问式服务各环节的展示过程中,你是否体现了服务的细节。
(4)针对评价和反馈意见,进行方案的修改和完善。

项目1 维修服务接待流程的认知实践

1. 主题
客户来店进行5000km常规维护,服务顾问进行接待。

2. 角色扮演的学习目标
在完成该角色扮演时,服务顾问能够按照维修服务接待的流程来操作及具体实施。

3. 角色扮演的过程
服务顾问小张做好了工作前的准备。客户刘先生开车来到小张所在的4S店,小张经过简单的询问后知道刘先生来店做车辆的5000km常规维护,小张按照维修服务接待的完整流程接待了客户刘先生。

4.情景

日期:×月×日。

客户刘先生来到×××4S店做5000km常规维护。

5.车辆信息

车辆型号:×××××××。

车架号:×××××××××××××××。

行驶里程:4999km。

购买日期:2011年11月11日。

6.客户要求与期望

(1)客户希望能够得到工作人员的热情接待。

(2)客户希望在约定的期限内完成车辆的维护。

(3)客户希望了解此次维护所做的全部工作及过程。

(4)客户希望了解费用组成。

(5)客户希望有人能够协助他亲自验车。

(6)客户希望能够有人协助他离开经销店,并询问其服务感受。

7.客户角色扮演要求

假定你是客户,在车辆维护过程中,你希望:

(1)能够收到一辆清洗干净的爱车。

(2)在约定的期限内能够交车。

(3)了解此次维护所做的全部工作及过程。

(4)了解费用组成。

(5)有人能够协助自己亲自验车。

(6)能够有人协助自己离开经销店,并询问自己对服务的感受。

8.实施

根据上面的描述和要求完成该项目的角色扮演。

项目2　维修服务接待岗位认知实践

1.主题

客户来店进行40000km常规维护,服务顾问进行接待。

2.角色扮演的学习目标

在完成该角色扮演时,服务顾问能够按照维修服务接待的流程体现顾问式服务的理念。

3.角色扮演的过程

服务顾问小张热情地接待了客户刘先生,根据刘先生的要求制订了详细的工作方案,刘先生在客户休息室休息,并等待车辆的完工。车辆维护完毕后,小张通知了刘先生,并详细地为刘先生解释了工作的内容和所需费用。

4. 情景

日期：×月×日。

客户刘先生来到××4S店做40000km常规维护，小张给刘先生制订工作方案，并依据工作方案对车辆实施维修。刘先生在休息室等待。

5. 车辆信息

车辆型号：××××××。

行驶里程：39906km。

购买日期：2011年11月11日。

6. 客户要求和期望

客户有以下几点希望：

(1) 工作人员能热情接待他。

(2) 工作人员能关注他的需求和要求。

(3) 了解整个工作的过程和费用明细。

(4) 技术人员能顺便帮他检查车辆。

7. 实施

根据上面的描述和要求完成该项目的实施工作。

三、学习评价

1. 项目1的综合评定(表1-2)

项目1 综合评定表　　　　　　　　　　　　　　　　　表1-2

综合评定	完成		没有完成
	良好	有待提高	
1. 语调和清晰度			
2. 保持客气和礼貌			
3. 使用浅显易懂的语言			
4. 不打断客户谈话			
5. 记录			
活动检查单			
1. 当问候客户时保持目光接触和面带微笑			
2. 确认客户姓名并在交谈过程中使用			
3. 仔细倾听并确定其服务需求			
4. 通过提问，从客户那里收集附加信息			
5. 确认维护手册(如果适用)			
6. 亲自确认车辆状况			

续上表

综合评定	完成		没有完成
	良好	有待提高	
7.使用问题/示例确认你的理解			
8.询问是否还有其他疑虑/问题			
9.派工单记录:使用通俗易懂的语言书写清楚			
10.询问客户是否需要替代交通工具上班或回家			
其他评语:			

2.项目2的综合评定(表1-3)

项目2 综合评定表   表1-3

服务顾问角色评定项目	判 断	
	是	否
1.服务顾问(业务接待)对于所推销的商品特性介绍越多,就越能使客户满意		
2.每个来访的客户都知道他自己想要什么		
3.在服务过程中,最困难的时候是刚开始的一段时间		
4.客户最担心的是价格		
5.良好的说服力是服务顾问最大的才能		
6.客户所作的决定大都是理性的		
7.服务顾问(业务接待)是4S店中最重要的角色		
8.服务顾问的主要工作仅是服务好客户		
9.在请客户做交修确认时,只要向客户解释维修内容即可		
10.服务顾问应该经常到4S店外观察车辆进店的路线		

参考:
  1.客户只对那些能给自己带来益处的商品特别感兴趣,服务顾问说得越多就倾听得越少,对于客户的需求就了解越少,因此服务顾问所说的一切可能与客户的兴趣点关系不大。我们应该把商品的特性与其带给客户的益处结合起来向客户介绍;
  2.有许多客户并不知道你能提供什么样的服务,很难探明他需要什么,客户口头上的需求有时与实际上的需求并不完全相同;
  3.不能建立和谐的关系与客户刚来时的不安心情有相当大的关系,如果服务顾问没有很快地帮助客户进入舒适区,则可能引起客户许多的误解,甚至抗拒;
  4.事实上,客户最感兴趣的是服务过程与商品相比是否物超所值,并不是每个人都买最便宜的商品,因为客户不知道问什么,所以才会询问价格,其实,分析客户感性的动机更为重要;

续上表

服务顾问角色评定项目	判断	
	是	否
5. 自信、经验、交流技巧、满腔热忱才是最重要的;		
6. 绝大部分的决定都是感性的;		
7. 服务顾问是4S店的门面,大多数的客户会以自己对服务流程的满意度来决定下次是否再来,因为服务顾问的服务过程几乎包括了从客户进店到离店的整个过程,服务顾问的言行举止都代表着汽车维修企业的精神;		
8. 服务好客户,只能达到令客户满意,最重要的应该是创造客户对本企业的热忱,要创造客户对本企业的热忱,除了热情服务外,还需要4S店其他部门共同来努力;		
9. 请客户确认时,最重要的是将每个项目的单价合计后告知客户,客户的投诉中,有许多都是因服务顾问未将总价告诉客户所造成的;		
10. 由内向外看出去是服务顾问的视角,我们应该经常地从"外面"看进来,体验一下客户所看到的及感受(以客户的角度来看)		

3. 学习任务1的理论知识评价

请完成表1-4中的判断题,并给出适当的说明。

学习任务1的理论知识评价 表1-4

问　　题	正确	错误
1. 服务顾问的表现会显著影响经销商的盈利能力		
2. 由于汽车业务主要依靠新车销售,服务顾问不应浪费时间去担心服务销售		
3. 如果客户持有"服务合同",他就只能选择去你所在的维修站。因此,这些客户的满意度没有一般客户的满意度重要		
4. 应确保客户服务的一致性。因此,你不应根据客户的个人期望采取灵活的服务方式		
5. 服务顾问是客户与经销商之间最高效的"沟通渠道"		
6. 如果客户持有"服务合同",他就只能选择去你所在的维修站。但让这些客户满意与让其他客户满意具有同等重要的意义		
7. 通过服务保持客户满意度对新车销售没有任何影响		
8. 服务顾问的表现会显著影响客户满意度分数		
9. 你有责任向维修站的员工解释客户关心的问题		
10. 服务顾问的三大主要职责是什么 从下面选择三项适当的描述,并在空白框中标记"×" [ ]作为客户与维修站之间的沟通渠道; [ ]为经销商创造利润; [ ]扩大汽车的销售量; [ ]提高客户满意度; [ ]召开经销商会议		
11. 为每个空白框选择适当的词语 你是首位与该客户交谈的人,并且作为贵公司的[　　],[　　]理解客户的[　　]、需求以及咨询事项 　　A.忧虑　　B.代表　　C.有责任		

学习任务2 客户预约

工作情境描述

李某新购置了一辆私家车,他平时非常在意车辆的使用和维护。有一天,他接到一个电话,提醒他车辆应该进行首次维护了,但由于近期维护的车辆较多,为了避免等候时间过长,4S店建议他提前进行预约。李某感到很新奇,车辆维护还可以预约,他抱着怀疑的态度接受了预约。待李某到4S店后,他发现预约的好处真是很多,从此他不等对方提醒就主动预约了。

知识目标

1. 熟悉电话使用技巧和标准;
2. 熟悉电话语言的要点;
3. 熟悉预约的流程和要点;
4. 了解预约管理看板系统的使用方法;
5. 指导客户的组织和管理。

能力目标

1. 能进行电话的正确使用和沟通;
2. 能通过电话进行有效的客户预约和预约的再次确认;
3. 能完成客户预约后的相关准备工作(车间、备件);
4. 能积极推荐预约,建立客户的预约意识,提高客户量;
5. 能正确使用预约看板的管理功能,提高工作效率。

素养目标

1. 树立主动预约的服务意识;
2. 树立礼貌沟通的服务意识。

学习时间

10学时

维修客户预约是提高客户满意度及充分发挥企业资源的有效手段,在汽车维修服务企业推广预约服务有积极的作用,随着汽车客户越来越接受汽车预约服务,客户主动预约的情况也开始多起来。预约成为汽车维修服务企业一个很重要的服务内容，同时也对承担预约服务的人员提出了较高的要求，本项目就是提高学员或员工的预约技能。

一、知识准备

客户满意度调查发现，"维修等待时间过长"和"不能按时交车"都是导致客户不满的重要原因。针对这些问题，汽车维修企业推行了预约服务，预约分主动预约客户和客户主动预约。

1. 预约服务概况

1）预约服务的背景

（1）目前，美国、德国、日本等国家的预约服务较成熟，某些品牌已经做到完全预约服务，而我国汽车行业开展预约服务较晚。

（2）由于预约服务不成熟，部分4S店在来店高峰期出现服务能力饱和现象。同时，在来店低谷期又造成了资源浪费，未能合理利用4S店资源来提高收益。

（3）未有效开展预约服务，导致来店高峰期时因服务能力饱和而无法为客户提供优质服务，进而影响客户满意指数（CSI）成绩。

2）预约服务的目的

（1）为客户提供更优质的服务，提高客户满意度，提升汽车的品牌形象。对客户来说，预约可以享受如下好处：预约来店客户享受服务优先权，合理安排到店维修时间，节省非维修等待时间；企业可以预备好维修人员和设备以便提供服务，缩短维修等待时间；服务人员与客户接触时间充足，更利于沟通和掌握客户需求，确保车辆性能和维修质量；预约服务可减少客户为修车所花费的精力。

（2）合理利用4S店资源，提高资源利用率和作业效率，为4S店取得更大收益。对企业来说，预约的好处是：提高修车效率，保证交车时间，提高客户满意度；将配件准备、问题分析和人员调配安排在车辆进店之前，从而可以缩短生产周期；充分的准备工作有利于提高4S店维修维护质量，从而提升信誉和声望，增强竞争力；易于管理，合理安排修理任务和时间，避免人员和设备在高峰期疲劳作业，而其余时间资源无效闲置。

3）预约的基本内容

预约的基本内容是通过电话或者网络与客户进行沟通，通过沟通确定预约客户的基本信息，明确客户的需求，并告诉客户预约后的项目和实施日期。

4）客户对预约的期望

客户往往会这么想：预约对我有什么好处？怎样才能减少在店等待时间？到4S店后是否能立即被受理？4S店是否能保证方便、快捷、专业？4S店能否以我想要的时间安排预约？了解客户的这些期望是做好预约服务的关键。

2. 预约服务流程

1）分类

预约服务流程分4S店主动预约客户和客户主动预约两种。

（1）4S店主动预约客户的服务流程如图2-1所示。

（2）客户主动预约的服务流程如图2-2所示。

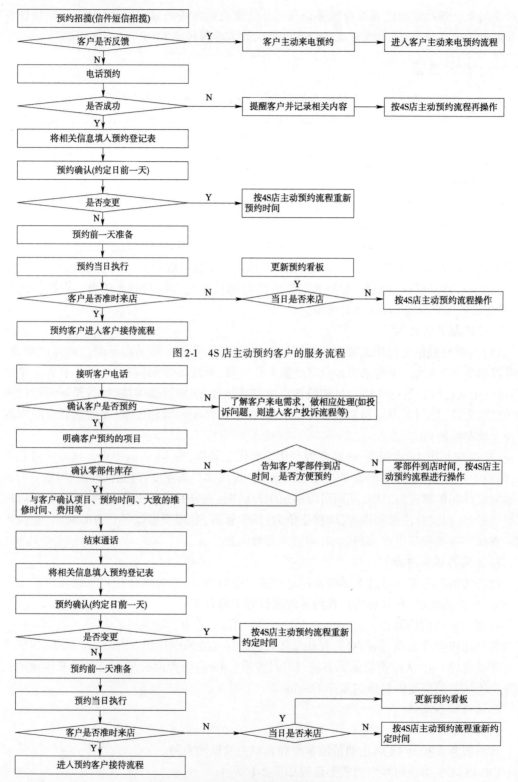

图 2-1　4S 店主动预约客户的服务流程

图 2-2　客户主动预约的服务流程

2) 预约环节关键点

4S店主动预约的环节关键点有:预约招揽、电话预约、预约确认(预约前一天)、预约前一天准备、预约日执行。客户主动预约的环节关键点有:接听预约电话、预约确认(预约前一天)、预约前一天准备、预约日执行。整个环节的变化点有:细化主动预约和被动预约的流程和细节、预约前一天短信或电话与客户确认预约状况、预约实施前的准备(包括提前备料)、增加预约管理板。整个环节的增加点有:根据系统对预约细化到预约具体时间或工位,对延迟来店的预约客户的处理。

3) 操作步骤

整个预约服务的操作步骤共分5步,分别是:预约招揽、电话预约、预约确认、预约前一天准备、预约当日执行。

(1) 操作标准:根据系统的提示,对当日需进行预约招揽的客户进行确认,对已确认客户寄发信件或短信。预约前一天与客户确认预约状况,先发短信提醒,对无回复的客户再打电话提醒确认。预约准备工作还包括人员和工位安排确认、零部件确认、预约管理板制作、完成相关单据等准备工作。客户是否准时来店包括客户准时来店、客户未准时来店、客户提前来店、客户在约定时间30min后未来店、客户延时来店、客户未能来店。

(2) 方法或话术:根据系统招揽界面确认客户名单、信件的模式和短信的内容、发送短信或电话与客户确认,短信内容如:"温馨提示:您已预约明天×××时间来本店做×××km的维护,维修时间约为×××min,费用约×××元。我们恭候您的来临,如能准时来店,请短信回复'确认',谢谢!×××4S店。"电话内容如:"此次来电是提示您已预约明天×××时间来本店做×××km的维护,请问您确认准时来店吗?"如客户能准时来店,则可以说:"感谢您的支持,我们恭候您明天的到来。"如客户无法准时来店,则可以说:"那您看明天×××时间或×××时间方便吗?"或"那您看明天什么时间方便?"

根据预约车辆提前安排维修技师、服务顾问和工位。客户来店前15min准备好工位、相应维修项目所需工具和辅助材料的准备工作等,零部件室应确认相应的零部件库存是否充足。零部件情况根据系统中售后接待的预约状态查询每个预约客户维修项目,以进行提前备料。按服务顾问的姓名和客户预约的时间填写预约管理板,事先手工填好快速服务单并放至预约管理板下的工单架并准备好快速服务单和四件套。

客户准时来店后,服务顾问应按标准接待流程迎接客户。对提前超过15min来店的客户可以说:"非常抱歉,×××先生/女士,您预约的时间是×××,我们的工位都是安排好的,您可能要等一会儿,我尽量给您安排。"对提前15min内来店客户则立刻按接待流程执行并迅速通知车间准备作业。

服务顾问应对预约时间30min后未来店客户进行电话关怀,并将其信息填入预约客户未来店跟踪表后,传递给客服人员(表2-1)。若电话中,客户提出延时来店,则根据车间状况和客户需求安排适宜时间,如能确认来店,则通知引导人员、车间和零部件室更改看板。电话中,客户表示当日无法来店,则按特约店主动预约流程,建议客户更换合适的时间。

(3) 注意事项:信件寄发日期为理论维修维护时间前15天;短信群发的时间为理论维修维护时间前7天;如果客户针对提醒有主动来电预约,则按客户主动预约流程执行。短信群发的时间在当日上午10:00前,如果客户有来电或短信确认无法来店,则按客户主动来电预约流程和4S店主动预约流程做相应处理。在预约确认时,要结合4S店工位情况和客户时间进行安排,如客户第二天没时间则按客户主动来电预约流程操作。

预约客户未来店跟踪表　　　　　　　　　　　　　　　表2-1

项目	客户姓名	车牌号	联系电话	本次预约的项目	未到店原因
1					
2					
3					
4					
5					
6					

客户未准时来店,分为客户提前和延时来店两种情况,对此,应根据4S店当时的工位实际情况安排客户,并告之新的交车时间,对未准时来店的客户,要提醒客户下次预约一定要准时来店。

3. 预约服务的电话沟通

预约一般通过电话来完成,电话预约的执行要点如下。

1)接打电话要点

(1)规范要点。

①当有来电时,应在电话铃响三声内接听,并自报店名及姓名。

②明确此次客户致电的详细原因,以便给出客户最满意的答复。

③总是以亲切的态度和令人愉快的声音问候客户。

④做好必要的准备。在打电话和接听电话的时候,手边准备好纸和笔,做好记录。

(2)肢体语言。

①总是面带微笑。不要因为是电话交谈态度就很随便,态度要认真,就好像对方能看到自己一样。

②端正坐姿。虽说对方看不到自己的姿势,但自己的态度会不自觉地表现在声音上。所以端正坐姿,手脚不要有过多的小动作,身体略微前倾来接听电话。

③轻拿轻放电话。

2)预约招揽要点

电话预约可以分为两种方式:4S店预约招揽和客户主动预约。在导入预约的初期,由于大部分客户没有预约的意识和习惯,4S店大多采用预约招揽的方式,但客户主动预约才是理想的预约方式。

下面以定期维护到期的预约招揽为例,说明电话预约招揽的流程及话术。

(1)目标客户选定。选定预约招揽的目标客户,包括新车首次维护客户、定期维护到期客户、久未回厂客户以及配件订货到货客户等。

(2)致电客户预约招揽。致电目标客户进行预约招揽,以定期维护到期为例:"您好!请问是×××先生(女士)吗?我是×××店的预约服务专员×××,能占用您几分钟时间吗?

您上次来我们店维护后,车辆使用上没有问题吧?您的车大概行驶多少千米了?您的车辆距上次维护已经有5000km了,需要尽快做个维护。您最近有时间吗?我们现在推出了预约服务,有很多优惠政策(简单介绍),您看要不要帮您安排预约服务呢?"

(3)确认需求及报价。在得到客户确认需要维护的答复后,引导客户进行预约。"×××先生(女士),您什么时候方便来店呢?本周五是吗?您看下午5点可以吗?我们届时会准备好一切工作恭候您的光临。"在得到客户的认可后,可进行下一步的维修项目确认及报价环节。

(4)电话结束。电话结束前,对客户表示感谢;"好的,×××先生(女士),感谢您对我们工作的支持,如果您有什么问题,请随时与我们联系。我们将恭候您的光临。再见!"

3)客户主动预约的电话流程及应对

随着预约服务带来的好处逐渐被客户接受,客户主动预约的情况将会大大增加,下面是客户主动预约的电话流程及应对,如图2-3所示。

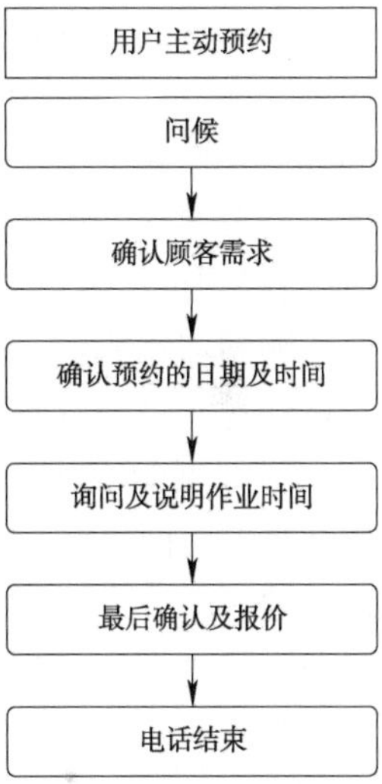

(1)问候。

在电话铃响三声内接起电话,面带微笑、吐字清晰、声音明快地向客户自报店名及姓名。例如,"您好!欢迎致电×××店,我是预约服务专员×××,很高兴为您服务。"在接听电话时,注意不要让电话铃声响超过三次,若超过三次,接起电话时应首先向客户表示歉意。例如,"您好!很抱歉让您久等了!欢迎致电×××店,我是预约服务专员×××。"

(2)确认客户需求。

①客户提出维修维护,服务顾问应仔细倾听并做记录,之后复述客户要求并确认。

图2-3 客户主动预约的电话应对流程

客户:"我想预约做10000km的维护可以吗?"

服务顾问:"当然可以,预约做10000km维护是吗?非常感谢!那么我想向您了解一下具体情况,请问您现在时间上方便吗?"

②客户表示有时间继续进行电话交流后,服务顾问开始询问车辆信息。

服务顾问:"那么请您先告诉我您的姓名和车牌号,我来准备您的维护记录,您看可以吗?"(同时拿起笔、摆好纸,准备记录。)

③当客户说出自己的名字和车牌号时,服务顾问将其详细记录下来,并向客户复述以确认。

服务顾问:"明白了,×××先生(女士),车牌号是×××,对吗?"

④在得到客户确认后请客户稍等,迅速进入计算机系统调出并查看客户资料。

服务顾问:"好的,谢谢您!请您稍等片刻好吗?我查看一下您的车辆资料。"

若有此客户信息,则将听筒轻轻放下,如果有等待键则按下等待键。看完客户相关资料后拿起听筒向客户描述信息。

服务顾问:"让您久等了,您是(详细地址)×××先生(女士)吧,于×年×月×日购买的×××车型,对吗?"(让客户知道系统中详细记录了自己的车辆信息资料,会让客户感觉到服务的亲切周到。)

若无此客户信息,将听筒轻轻放下,准备好纸和笔,以记录信息,同时拿起听筒。

服务顾问:"让您久等了。很抱歉××先生(女士),您的车辆之前没有到我店进行过维修,所以在您来我店时请带上您的行驶证、驾驶执照和您的保修手册。另外,请问您的电话号码是多少?您的车辆型号是?"

(3)与客户确认其希望的预约日期及时间。

服务顾问:"那么××先生(女士),请问您希望在哪一天的哪个时间段做这个10000km的维护呢?"

当客户回答了自己希望的维护时间后,复述客户的要求并确认。

客户:"我希望在9月20日下午2点左右。"

服务顾问:"明白了,9月20日下午2点左右,对吧?这个时间我们店还没有安排预约,所以没问题。我们就给您安排在9月20日2点,您到时可以来我们店,对吗?"

如果客户要求的维修维护时间4S店无法满足,服务顾问应向客户说明并马上建议其他日期和时间,直到提出客户方便的时间为止。

服务顾问:"很抱歉,这个时间已经被预约满了,您看您在9月20日下午4点或9月21日两个时段中选择一个时段可以吗?届时我们将优先安排您的作业。"

(4)温馨询问及说明作业时间。

确认日期时间后对客户表示感谢,并询问客户的车辆是否存在其他问题,如有问题,则详细而准确地记录客户的原话,并向客户复述以确认。

服务顾问:"谢谢!顺便问一下,您发现您的车有什么别的问题吗?无论是什么方面的问题都可以告诉我。"(这样的关怀会让客户感觉到4S店真正是为客户着想,能给客户留下良好印象。)

向客户说明维修所需时间并确认客户是否在店内等待车辆完工,或者是否需要接送服务等。(根据4S店自身条件决定。)

服务顾问:"如无其他问题的话,您车辆的维护时间在1h左右,您时间上方便吗?那您是否在店内等待车辆完工呢?您是否需要代步车或者接送服务呢?"

(5)最后确认及报价。

确认客户是否在店等候完工后,最后向客户确认一遍其要求。

服务顾问:"那么,请让我再确认一下,××先生(女士)您预订于9月20日下午2点来店进行10000km的车辆维护,您看有问题吗?"

在得到客户的确认同意后,服务顾问应根据价目表向客户做整个维护的报价说明,并说明维护时可能会出现追加项目。

服务顾问:"我向您说明一下收费情况吧,10000km维护的基本费用是×元,我们到时候根据维护检查情况,有可能需要进行其他的追加维修,关于其他方面的具体情况,我们会在您光临本店时进行详细说明。"

针对至少提前一天通知客户的问题征求客户意见,并询问客户方便的联系时间。

服务顾问:"另外,我们到时候在预约时间前一天再给您打电话确认,您看在什么时候给您打电话方便呢?"

(6)电话结束。

最后,向客户致谢,结束电话预约。

服务顾问:"好的,××先生(女士),感谢您今天来电预约10000km的车辆维护,我叫×××,已经受理了您的预约,如果您有什么问题,请随时与我们联系,我们将恭候您的光临。再次感谢您致电预约,再见!"等客户挂断电话后,再将电话轻轻放下。

(7)记录预约及查询零件库存情况等相关工作。

①填写预约表,预约表中的各个项目要详细填写,笔迹清楚,在填写客户电话号码时,要注意是公司电话还是住宅电话;对返修客户和投诉客户要特别标出。

②确定零件是否有库存。如果零件没有库存,查询可能的送货日期,并通知客户零件何时才能有。同时要求零件部订购必要零件。

③如果预约内容是返修或客户抱怨,应预先向服务经理报告并要求服务经理在接待时间参与与客户的沟通。

④如果预约内容是返修项目需要诊断或需要车间主管(技术人员)路试检查,服务顾问要联系车间主管并告知情况,使其能提前做好准备工作。

4)预约确认要点及话术示例

服务顾问应至少在预约时间的前一天与客户再次确认预约,提醒客户预约维修的日期和时间,这样能降低客户"失约"的概率。客户"失约"会影响维修车间的工作安排、降低服务效率,还会使零件部的准备工作成为无用功。在致电前,服务顾问应准备好客户的预约记录资料、笔和纸。

在客户允许的方便的时间致电,电话内容应简洁明了,时间不宜过长。电话结束时要真诚地表示谢意。

在客户方便的时间给客户打电话,电话接通后确认客户的相关情况。

服务顾问:"您好!请问××先生(女士)在吗?"

确认对方是要找的客户后,问候客户,向对方自报身份,并询问对方是否方便接电话。

服务顾问:"××先生(女士),您好!我是×××店的服务顾问×××。请问您现在方便接电话吗?"

确认客户方便接电话后,简要说明致电目的,要先说明自己要谈的主题,从结论说起,语言应简洁明了,语气要明快,同时应面带微笑。

服务顾问:"是这样,给您打电话主要是想跟您确认一下预约维护的事情。您定在明天下午4点做10000km的车辆维护在时间上不需要什么变动吧?您到时有时间来店吗?"

确认客户会准时到店做维护或维修后,对客户表示感谢。

服务顾问:"好的,我们将为您做好维护准备,恭候您的光临。非常感谢您接听电话,再见!"

如果客户临时取消预约,则建议客户选择另一时间并为其更新安排预约。

服务顾问:"我明白了,那××先生(女士)您什么时候方便来店呢?我可以现在帮您预约,或者您什么时候方便就打我们的预约专线进行预约,届时我们将为您提供优质的服务。"

在预约过程中,服务顾问要随时关注预约的情况,预约控制日志(表2-2)是一个很好的工具。

预约控制日志　　　　　　　　　　表 2-2

项目	预约时间	客户姓名	电话号码 住宅(H) 办公室(O) 移动电话(M)	车型	车牌号	所需的维修	交付		固定工时最大小时数	注释	替代交通工具
							时间	日期			
示例	7:00		M				17:00	1	2.0		接送车
1											
2											
3											
4											
5											
6											
7											
8											
9											
10											
11											
12											
13											
14											
15											

4. 互联网预约

除了传统的电话预约外,随着互联网的发展和消费者使用信息手段的变化,微信预约的方式也开始大量采用。目前,众多的汽车服务企业都开放了 APP 系统,或通过微信小程序(图 2-4),让客户方便地进行预约。服务顾问要与时俱进,把智能手机预约和网上预约系统有机结合,提升预约的效率和客户的满意度。

图 2-4　APP 预约

目前,众多的高端汽车品牌采用了DCC(数据控制中心)营销,DCC营销的本质就是商家准确把握了客户利用信息变化的趋势来更多地获取潜在的客户。从这个意义上讲,售后服务坐等客户上门的时代已经过去,需要企业主动开展互联网方式的预约,主动开展DCC营销,以便获取更多的客户。

二、任务实施

1. 信息收集和处理环节
(1)收集预约岗位职责的资料。
(2)收集预约岗位要求的资料。
2. 制订工作任务方案和计划
(1)结合工作情况,制订主动预约和客户预约的应对计划。
(2)根据预约内容制订预约的工作流程。
3. 任务方案确定环节
(1)展示自己的预约应对方案。
(2)讨论修改预约方案。
(3)确定预约执行的方案。
4. 方案实施环节
(1)展示自己对预约工作的理解。
(2)展示自己对预约过程的应对。
5. 检查控制环节
(1)在方案实施过程中,检查实施过程是否完整。
(2)检查方案实施过程中要点和内容的正确性。
6. 评价反馈环节
(1)在方案实施过程中,你是否体现了所说的预约定位。
(2)在方案实施过程中,你是否体现了客户关怀的工作理念。
(3)在顾问式服务各环节的展示过程中,你是否体现了服务的细节。
(4)针对评价和反馈意见,进行方案的修改和完善。

项目1 电话预约定期维护的角色扮演

1. 角色扮演的学习目标
在完成该角色扮演之后,你便能够按照经销商的客户应对标准流程来接受客户有关定期维护的预约。
2. 角色扮演的目的
服务顾问应能按照客户要求成功填写派工单以及预约控制日志或DMS系统(汽车经销商管理系统)。
3. 情景
日期:9月26日。
客户(老客户)希望从4S店那里了解有关某款车40000km定期维护的服务项目及价格。

4. 车辆信息

车辆型号:×××××。

里程:40022km。

购买日期:2009年9月24日。

5. 客户要求与期望

该项目中,客户的要求和期望有:

(1)如果含配件费在内的费用低于300元,则客户希望接受这项服务。

(2)客户希望在下周二(10月2日)上午8:00将车送到经销商处,并希望当晚取车。

(3)客户需要有接送车或汽车将其送到最近的车站。

(4)客户想用经销商会员信用卡支付,这样客户可享受10%的折扣。

(5)客户没有其他担心的问题。

(6)客户只是想确保在临近的假期内能够毫无问题的安全旅行。

6. 客户角色要求

假定你是客户,你给4S店致电,为你的某款车预约40000km定期维护服务。

在角色扮演中,除非服务顾问特别要求,否则你不要提供以下信息。每个问题可提供一条相应的信息。

(1)如果含配件费的费用低于300元,你希望接受这项服务。

(2)你希望在下周二上午08:00将车送到经销商处,并希望当晚取车。

(3)你需要有接送车或汽车送你到最近的车站。

(4)你想用经销商会员信用卡支付,这样可享受10%的折扣。

(5)你没有其他担心的问题。

(6)你只是想确保在临近的假期内能够毫无问题的安全旅行。

7. 观察员角色要求

在角色扮演中,观察员要注意观察客户给4S店致电,询问为其某款车提供40000km定期维护服务价格等相关信息。在预约过程中,重点观察服务顾问是否注意了以下事项。

(1)如果含配件费在内的费用低于300元,则客户希望接受这项服务。

(2)客户希望在下周二(10月2日)上午8:00将车送到经销商处,并希望当晚取车。

(3)客户需要有接送车或汽车将其送到最近的车站。

(4)客户想用经销商会员信用卡支付,这样客户可享受10%的折扣。

(5)客户没有其他担心的问题。

(6)客户只是想确保在临近的假期内能够毫无问题的安全旅行。

8. 实施

请参照上面的说明和要求执行该项目的实施。

项目2 电话预约制动器噪声修理的角色扮演

1. 角色扮演的学习目标

在完成该角色扮演之后,你便能够按照经销商的客户应对标准流程来接受客户的大修预约。

2. 角色扮演的目的

服务顾问应能按照客户要求成功填写派工单以及预约控制日志或 DMS 系统。

3. 情景

日期:9 月 28 日。

客户(老客户)希望与 4S 店预约修理事宜,以解决其某款车制动器的噪声问题。

4. 车辆信息

车辆型号:××××。

里程:36112km。

购买日期:2009 年 8 月 2 日。

5. 客户要求与期望

该项目中,客户的要求和期望有:

(1)这是一种很大的摩擦噪声。

(2)听起来像金属之间的摩擦声。

(3)摩擦噪声来自车辆前部的车身底部。

(4)只有在施加制动时才出现噪声。

(5)从开始出现噪声起,客户就觉得必须更用力地踩下制动踏板。

(6)客户在一周前开始注意到噪声。

(7)客户想知道是否急需进行处理。

(8)客户希望这种针对制动器噪声的修理工作属于保修范畴(非保修工作)。

(9)如果可能,客户希望等到下次定期维护时再修理,因为客户每天要开车到办公室。客户下周一(10 月 1 日)上午 7:00 有空。

6. 客户角色要求

客户致电 4S 店预约修理事宜,以解决其某款车制动器的噪声问题。在角色扮演过程中,除非服务顾问特别要求,否则不要提供以下信息。每个问题可提供一条相应的信息。

(1)这是一种很大的摩擦噪声。

(2)听起来像金属之间的摩擦声。

(3)摩擦噪声来自车辆前部的车身底部。

(4)只有在施加制动时才出现噪声。

(5)从开始出现噪声起,你就觉得必须更用力地踩下制动踏板。

(6)你在一周前开始注意到噪声。

(7)你想知道是否急需进行处理。

(8)你希望这种针对制动器噪声的修理工作属于保修范畴。

(9)如果可能,你希望等到下次定期维护时再修理,因为客户每天要开车到办公室。你在下周一(10 月 1 日)上午 7:00 有空。

7. 观察员角色要求

观察员在观察过程中要知道客户的问题,并重点关注下面的环节中服务顾问是否进行了关注。

(1)这是一种很大的摩擦噪声。

(2)听起来像金属之间的摩擦声。

(3)摩擦噪声来自车辆前部的车身底部。

(4)只有在施加制动时才出现噪声。

(5)从开始出现噪声起,客户就觉得必须更用力地踩下制动踏板。

(6)客户在一周前开始注意到噪声。

(7)客户想知道是否急需进行处理。

(8)客户希望这种针对制动器噪声的修理工作属于保修范畴。

(9)如果可能,客户希望等到下次定期维护时再修理,因为客户每天要开车到办公室。客户在下周一(10月1日)上午7:00有空。

8. 实施

请参照上面的说明和要求执行该项目的实施。

项目3　电话预约返工事宜的角色扮演

1. 角色扮演的学习目标

在完成该角色扮演之后,你便能够按照经销商的客户应对标准流程来接受客户的返工预约。

2. 角色扮演的目的

服务顾问应能按照客户要求成功填写派工单和预约控制日志或DMS系统。

3. 情景

日期:9月30日。

这是一项关于左后车门无法顺利关闭的返修工作。客户希望尽快消除故障。

4. 车辆信息

车辆型号:××××。

里程:48722km。

购买日期:2009年12月24日。

5. 客户要求与期望

该项目中,客户的要求与期望有:

(1)客户上次联系的是另一位服务顾问。

(2)客户上周要求对左后车门进行调整,但是现在车门仍然很难关闭。

(3)尽管状况比先前稍好,但是客户仍不得不使劲关闭车门以确保其关严。

(4)客户与上次联系的服务顾问确认过原因,但是由于过于匆忙,并没有在交车时确认。

(5)客户希望在下周一早上7:00将车送到经销商处,并希望当晚取车。

6. 客户角色要求

假设你是客户,你致电服务顾问进行预约,以便解决上次到访时未能解决的后门调整问题。在角色扮演过程中,除非服务顾问特别要求,否则不要提供以下信息。每个问题可提供一条相应的信息。

(1)你上次联系的是另一位服务顾问。

(2)你上周要求对左后车门进行调整,但是现在车门仍然很难关闭。

(3)尽管状况比先前稍好,但是你仍不得不使劲关闭车门以确保其关严。

(4)你与上次联系的服务顾问确认过原因,但是由于你过于匆忙,并没有在交车时确认。

(5)你希望在下周一早上7:00将车送到经销商处,并希望当晚取车。

7. 观察员角色要求

观察员要注意观察客户致电服务顾问进行预约的过程,以便解决他上次到访时未能解决的后门调整问题。同时重点观察服务顾问是否关注了客户的要求和期望。

8. 实施

请参照上面的说明和要求执行该项目的实施。

项目4　确定并非客户要求的预约日期和时间的角色扮演

1. 角色扮演的学习目标

在完成该角色扮演之后,你便能够根据经销商的客户应对标准流程来利用预约控制日志或DMS系统确定预约日期和时间。

2. 角色扮演的目的

服务顾问应能按客户要求成功填写派工单和预约控制日志或DMS系统。

3. 情景

客户希望与经销商预约,安排其在下周一上午8:00为他的某款车做20000km定期维护。但是这一时间4S店无法提供服务。

4. 车辆信息

车辆型号:××××× 。

里程:20112km。

购买日期:2009年10月2日。

5. 客户要求与期望

该项目中,客户的要求和期望有:

(1)客户希望含配件费在内的修理费用低于200元。

(2)客户希望在下周一(10月1日)上午8:00将车送到经销商处,并希望当晚取车。

(3)客户需要有接送车或汽车将其送到最近的车站。

(4)客户希望现金付款(经销商为持有会员信用卡的客户提供10%的折扣)。

(5)客户没有其他担心的问题。

(6)客户只是想确保在临近的假期内能够毫无问题的安全旅行。

6. 客户角色的要求

客户致电经销商预约20000km定期维护。在演练过程中,除非服务顾问特别要求,否则不要提供以下信息。每个问题可提供一条相应的信息。

(1)你希望含配件费在内的修理费用低于200元。

(2)你希望在下周一(10月1日)上午8:00将车送到经销商处,并希望当晚取车。

(3)你需要有接送车或者汽车将你送到最近的车站。

(4)你希望现金付款。

(5)你没有其他担心的问题。

(6)你只是想确保在临近的假期内能够毫无问题的安全旅行。

7. 观察员的角色要求

观察员要清楚客户致电经销商预约20000km定期维护,并在演练过程中重点观察服务顾问对客户要求和期望的把握。

8. 实施

请参照上面的说明和要求执行该项目的实施。

项目5 在接待预约过程中解释定期维护的角色扮演

1. 角色扮演的学习目标

在完成该角色扮演之后,你便能够按照经销商的客户应对标准流程来解释所要做的工作,并预估服务费用和交车时间。

2. 角色扮演的目的

服务顾问应能成功地将客户担心的问题填入派工单。

3. 情景

客户(老客户)说明了他担心的车辆问题。在交谈后,服务顾问将解释本企业所要做的工作,并预估服务费用和交车时间。

4. 车辆信息

车辆型号:××××× 。

里程:40022km。

购买日期:2010年4月24日。

5. 客户要求与期望

该项目中,客户的要求和期望有:

(1)如果,含配件费在内的费用低于300元,则客户希望接受这项服务。

(2)客户希望在下周二上午7:00将车送到经销商处,并希望当晚取车。

(3)客户希望有接送车或汽车将其送到最近的某维修站。

(4)客户没有其他担心的问题。

(5)客户只是想确保在临近的假期内能够毫无问题的安全旅行。

6. 客户角色要求

假设你是客户,你致电经销商,询问有关对你的某款车进行40000km定期维护的服务价格问题。在演练过程中,除非服务顾问特别要求,否则不要提供以下信息。每个问题可提供一条相应的信息。

(1)如果含配件费在内的费用低于300元,你希望接受这项服务。

(2)你希望在下周二早上7:00把车送到经销商处,并希望晚上取回车辆。

(3)你希望有接送车或汽车将你送到最近的某维修站。

(4)你没有其他担心的问题。

(5)你只是想确保在临近的假期内能够毫无问题的安全旅行。

7. 观察员角色要求

在演练中,观察员要注意观察客户致电经销商,询问有关对自己的某款车进行40000km定期维护的服务价格等相关信息,并着重观察服务顾问在预约过程中是否关注了客户的要求和期望。

8. 实施

请参照上面的说明和要求执行该项目的实施。

项目6　在接待预约过程中解释大修的角色扮演

1. 角色扮演的学习目标

在完成该角色扮演之后,你便能够按照经销商的客户应对标准流程来解释所要做的工作,并预估服务费用和交车时间。

2. 角色扮演的目的

让客户理解修理内容以及服务费用。

3. 情景

客户(老客户)希望在长途旅行之前检查冷却系统。服务顾问将解释本企业所要做的工作,并预估服务费用和交车时间。

4. 车辆信息

车辆型号:×××××。

里程:36112km。

购买日期:2009年8月2日。

5. 客户要求与期望

在该项目中,客户有以下要求和期望:

(1)如果含配件费在内的费用低于100元,则客户希望接受这项服务。

(2)客户希望在下周一上午7:00将车送到经销商处,并希望当晚取车。

(3)客户希望有接送车往或者汽车将送客户到最近的某维修站。

(4)客户没有其他担心的问题。

(5)客户只是想确保在临近的假期内能够毫无问题的安全旅行。

6. 客户角色的要求

你希望在长途旅行之前检查冷却系统。你希望了解企业所要做的工作,并预估服务费用和交车时间。在整个演练过程中,除非服务顾问特别要求,否则不要提供以下信息。每个问题可提供一条相应的信息。

(1)如果含配件费在内的费用低于100元,你希望接受这项服务。

(2)你希望在下周一上午7:00将车送到经销商处,并希望当晚取车。

(3)你希望有接送车或者汽车将你送到最近的某维修站。

(4)你没有其他担心的问题。

(5)你只是想确保在临近的假期内能够毫无问题的安全旅行。

7. 观察员的角色要求

观察员要清楚客户(老客户)希望在长途旅行之前检查冷却系统。服务顾问将解释本企业所要做的工作,并预估服务费用和交车时间。在演练过程中,观察员应重点观察服务顾问针对客户要求和期望所做的举措。

8. 实施

请参照上面的说明和要求执行该项目的实施。

项目7 在电话预约过程中确认客户信息的角色扮演

1. 角色扮演的学习目标

在完成该角色扮演之后,你便能够在电话预约过程中利用客户档案(或 DMS)来确认客户信息。

2. 角色扮演的目的

完成客户信息的更改操作。

3. 客户信息

姓名:张华。

出生日期:1964年4月21日。

公司名称:×××工业有限公司。

电话号码:6088××××,手机××××,办公8675×××(已变更)。

4. 车辆信息

车辆型号:X-TRAIL(T30),左舵车型,车身颜色:红色,内饰颜色:黑色。

VIN:××××××××××××。

V/N:××××××××××××。

发动机:×××××××。

变速器:××××××。

里程:40052km。

购买日期:2009年12月4日。

5. 客户角色要求

服务顾问将确认你的个人信息和车辆信息。在整个演练过程中,除非服务顾问特别要求,否则不要提供上述信息。每个问题可提供一条相应的信息。

6. 观察员角色要求

观察员要重点观察服务顾问是否关注了客户的全部信息。

7. 实施

请参照上面的说明和要求执行该项目的实施。

项目8 向客户推广预约系统的角色扮演

1. 角色扮演的学习目标

在完成该角色扮演之后,你便能够向客户推广预约系统。

2. 角色扮演的实现目的

能使客户成功理解预约系统的好处。

3. 情景

服务顾问将向上门客户介绍预约系统的好处。

4. 车辆信息

无。

5. 客户要求与期望

该项目中，客户的要求和期望主要是想要知道预约系统的好处。

6. 客户角色的要求

你没有给你的车辆进行过维修预约，你对维修车间的预约系统感兴趣，你想要知道预约系统的好处。

7. 观察员角色的要求

观察员要知道客户没有为他的车辆进行过预约，客户对维修车间的预约系统感兴趣，客户想要知道预约系统的好处。针对这些重点信息，观察服务顾问应注意观察服务顾问是否强调了这些内容。

8. 实施

请参照上面的说明和要求执行该项目的实施。

三、学习评价

1. 项目1 综合评定（表2-3）

项目1 综合评定表　　　　　　　　　　　　　　　　　　　表2-3

综合评定	完成		没有完成
	良好	有待提高	
1. 语调和清晰度			
2. 保持客气和礼貌			
3. 提问并使用浅显易懂的语言			
4. 不打断客户谈话			
5. 记录			
活动检查单			
1. 立即接听电话（铃响三声之内）			
2. 报出公司名称、你的姓名并提供帮助			
3. 在对话过程中询问并称呼客户的姓名			
4. 对于老客户，确认客户信息			
5. 通过提问弄清客户担心的问题或服务需求			
6. 在预约控制系统或日志中输入有关客户要求的说明			
7. 询问客户最方便在什么日期和时间进行预约			
8. 确定能够交车的日期和时间			
9. 告知客户，预估时间将在他将车送交特许经销商后得到确认			
10. 确认客户是否需要替代交通工具			
11. 重复客户预约的相关信息			
12. 向客户致谢，结束谈话			
其他评语：			

2. 项目2的综合评定(表2-4)

项目2综合评定表　　　　　　　　　　　　　　　　　表2-4

综合评定	完成		没有完成
	良好	有待提高	
1.语调和清晰度			
2.保持客气和礼貌			
3.提问并使用浅显易懂的语言			
4.不打断客户谈话			
5.记录			
活动检查单			
1.立即接听电话(铃响三声之内)			
2.报出公司名称、你的姓名并提供帮助			
3.在对话过程中询问并称呼客户的姓名			
4.对于老客户,确认客户信息			
5.通过提问弄清客户担心的问题或服务需求			
6.在预约控制系统或日志中输入有关客户要求的说明			
7.询问客户最方便在什么日期和时间进行预约			
8.确定能够交车的日期和时间			
9.告知客户,预估时间将在他将车送交特许经销商后得到确认			
10.确认客户是否需要替代交通工具			
11.重复客户预约的相关信息			
12.向客户致谢,结束谈话			
其他评语:			

3. 项目3的综合评定(表2-5)

项目3综合评定表　　　　　　　　　　　　　　　　　表2-5

综合评定	完成		没有完成
	良好	有待提高	
1.语调和清晰度			
2.保持客气和礼貌			
3.提问并使用浅显易懂的语言			
4.不打断客户谈话			
5.记录			
活动检查单			
1.立即接听电话(铃响三声之内)			
2.报出公司名称、你的姓名并提供帮助			

续上表

综合评定	完成		没有完成
	良好	有待提高	
3. 在对话过程中询问并称呼客户的姓名			
4. 确认数据库中的客户信息			
5. 通过提问弄清客户担心的问题或服务需求			
6. 在预约控制系统或日志中输入有关客户要求的说明			
7. 询问客户最方便在什么日期和时间进行预约			
8. 确定能够交车的日期和时间			
9. 告知客户,预估时间将在他将车送交特许经销商后得到确认			
10. 确认客户是否需要替代交通工具			
11. 重复客户预约的相关信息			
12. 向客户致谢,结束谈话			
其他评语:			

4. 项目4的综合评定(表2-6)

项目4 综合评定表　　　　　　　　　　　　　　　　　表2-6

综合评定	完成		没有完成
	良好	有待提高	
1. 语调和清晰度			
2. 保持客气和礼貌			
3. 提问并使用浅显易懂的语言			
4. 不打断客户谈话			
5. 记录			
活动检查单			
1. 立即接听电话(铃响三声之内)			
2. 报出公司名称、你的姓名并提供帮助			
3. 在对话过程中询问并称呼客户的姓名			
4. 对于老客户,确认客户信息			
5. 通过提问弄清客户担心的问题或服务需求			
6. 在预约控制系统或日志中输入有关客户要求的说明			
7. 询问客户最方便在什么日期和时间进行预约			
8. 确定能够交车的日期和时间			
9. 告知客户,预估时间将在他将车送交特许经销商后得到确认			
10. 确认客户是否需要替代交通工具			
11. 重复客户预约的相关信息			

续上表

综合评定	完成		没有完成
	良好	有待提高	
12.向客户致谢,结束谈话			
其他评语:			

5. 项目5的综合评定(表2-7)

项目5 综合评定表　　　　　　　　　　　　　　　　　表2-7

综合评定	完成		没有完成
	良好	有待提高	
1.语调和清晰度			
2.保持客气和礼貌			
3.提问并使用浅显易懂的语言			
4.不打断客户谈话			
5.记录			
活动检查单			
1.在对话过程中称呼客户的姓名			
2.通过提问弄清客户担心的问题或服务需求			
3.如果是打包服务/定期维护,则报上预估的服务费用,包括工时费和零件费			
4.根据工时定额表和维修站的工作负荷报上预估的交车时间(同上)			
5.解释需要做的工作内容(如果适用)			
6.提出问题以确认客户理解具体事宜			
7.询问客户是否有其他担心的问题			
8.向客户致谢,结束谈话			
其他评语:			

6. 项目6的综合评定(表2-8)

项目6 综合评定表　　　　　　　　　　　　　　　　　表2-8

综合评定	完成		没有完成
	良好	有待提高	
1.语调和清晰度			
2.保持客气和礼貌			
3.提问并使用浅显易懂的语言			
4.不打断客户谈话			
5.记录			

续上表

综合评定	完成		没有完成
	良好	有待提高	
活动检查单			
1. 在对话过程中称呼客户的姓名			
2. 通过提问弄清客户担心的问题或服务需求			
3. 如果是打包服务/定期维护,则报上预估的服务费用,包括工时费和零件费			
4. 根据工时定额表和维修站的工作负荷报上预估的交车时间(同上)			
5. 解释需要做的工作内容(如果适用)			
6. 提出问题以确认客户理解具体事宜			
7. 询问客户是否有其他担心的问题			
8. 向客户致谢,结束谈话			
其他评语:			

7. 项目7的综合评定(表2-9)

项目7 综合评定表 表2-9

综合评定	完成		没有完成
	良好	有待提高	
1. 语调和清晰度			
2. 保持客气和礼貌			
3. 提问并使用浅显易懂的语言			
4. 不打断客户谈话			
5. 记录			
活动检查单			
1. 立即接听电话(铃响三声之内)			
2. 在对话过程中确认并称呼客户的姓名			
3. 根据文件确认客户个人信息			
4. 根据文件确认车辆信息			
5. 重复客户的答复以便确认			
6. 向客户致谢,结束对话			
其他评语:			

8. 项目8的综合评定（表2-10）

项目8综合评定表　　　　　　　　　　　　　表2-10

综合评定	完成		没有完成
	良好	有待提高	
1. 语调和清晰度			
2. 保持客气和礼貌			
3. 提问和使用浅显易懂的语言			
4. 不打断客户谈话			
5. 记录			
活动检查单			
1. 询问客户是否允许解释预约系统			
2. 解释预约系统的好处			
3. 使用浅显易懂的语言，以便于理解该系统			
4. 提出问题，确认客户的理解			
5. 给客户留出思考预约系统的时间			
6. 询问是否还有其他疑虑或问题			
7. 向客户致谢，结束对话			
其他评语：			

9. 学习任务2的理论知识评价

请完成表2-11中的判断题，并给出适当的说明。

学习任务2的理论知识评价　　　　　　　　　　　表2-11

问题	正确	错误
1. 一旦车辆超出其保修期限，则无须记录车辆信息，例如，车辆识别号和维修历史记录		
2. 推行预约的最佳方式是展示预约的好处，例如，无须在忙碌的早晨排队等候		
3. 即使预约时已经做了预诊断，经销商也不用预先订购没有库存的配件，因为客户可能改变想法，而且可能不会将车送来		
4. 客户预约车辆维修服务，最好为他的到访准备尽可能多的材料，例如，派工单、钥匙标签、配件等		
5. 每当有车辆送来进行维护或修理时，最好通过经销商数据库来检查所有车辆的信息		
6. 不管服务或维修需要多长时间，最好全天都招揽客户车辆进厂，因为这样有助于维修站组织维修工作，让技师全天满负荷工作		
7. 最好尽可能地鼓励更多客户于清晨送车		
8. 如果客户失约，你应过几天后，再与客户联系并再次安排预约		
9. 由于预约时已经做了先期诊断，经销商应该预先订购没有库存的配件		
10. 你应当每周更新一次客户数据库		
11. 你应该在预约日的前一天致电提醒客户		

学习任务3　客户接待和车辆检查

工作情境描述

李某新购置了一辆汽车,他平时非常在意车辆的使用和维护。根据维护手册的提醒,他想给他的爱车进行5000km的维护,他希望4S店的工作人员能热情地接待他,并倾听他的想法和要求,同时能爱护他的车辆,能以专业的方法对车辆进行维修维护,而且价格要合理,最好能列出相关费用的清单并交付给他。

知识目标

1. 能复述客户接待流程及标准;
2. 能应用客户沟通知识进行客户沟通;
3. 了解应对客户的投诉和抗拒措施;
4. 了解车辆的防护措施和关怀措施;
5. 了解风险规避知识和纠纷处理。

能力目标

1. 能以规范的服务标准执行服务接待流程;
2. 能正确运用客户沟通技巧建立与客户良好的关系;
3. 能熟练完成客户车辆的防护和预检工作;
4. 能根据客户需求和车辆情况进行针对性的服务营销;
5. 能应对客户接待过程中的突发事件和客户的特殊要求。

素养目标

1. 能树立优质客户接待的服务意识;
2. 能树立岗位担当的责任意识。

学习时间

18学时

任务分析

客户接待和车辆检查是维修服务接待的重要环节,通过该环节,服务顾问对客户热情接待和需求分析,可以激发客户的热情,准确把握客户的需要和期望,以较好地制订维修工单,同时可以通过认真细致的工作避免很多问题。

一、知识准备

1.接待的基本知识

1)接待的重要性

接待工作是服务人员给客户留下良好第一印象的关键时刻。迅速、热情、友好、专业的接待能够体现对客户的尊重和关心,给客户留下深刻的印象,赢得客户的信赖,建立良好的互动关系,提升客户的满意度。

2)接待环节中的客户期望

在接待环节,客户期望:服务人员能迅速出迎、对自己要热情服务、感觉自己受到尊重、服务人员要公平对待自己。服务人员了解客户的这些期望对于提高客户的满意度是很有帮助的(图3-1)。

图3-1 客户的期望

3)客户接待的主要内容

客户接待贯穿于整个维修接待流程中,按照接待过程的先后顺序,在接待中主要进行以下工作:迎接客户并了解客户需求,车辆防护,问诊及预检,环车检查,确定维修项目、工期、价格,核对客户信息、建立维修委托书、打印维修委托书,五项确认,客户签字,安排客户休息。

4)客户接待流程

接待环节的流程如图3-2所示。

5)环节关键点

客户接待环节的关键点有三个:指引、引导、迎接。指引通过行礼、初步确认完成;引导通过问候、确认来意、通知、分流完成;迎接通过出迎和问候完成。该环节的变化点有服务顾问按作业类别区分、专业分工接待两个环节;环节增加点有示意停车、表示欢迎、客户询问作业类别、按作业类别引导车辆停入接待工位及贴座椅定位贴。

接待环节的关键时刻主要有:入口至接待处指示是否明显;入口处是否设有明显的指示标牌,标牌是否清洁易懂;是否备有足够的停车位;对客户是否能做到笑脸相迎,亲切问候;对刚到业务接待大厅的客户,是否能于1min内接待;如有问题,客户是否知道应该对谁提出;服务顾问是否能够诚心诚意、认真地听取客户的要求;与客户谈话中断的时候,是否向客户说明理由;服务顾问是否能对客户提出的服务内容进行再度确认以保证自己真正理解;服务顾问在最忙碌时是否能够及时应对客户的要求;检查车辆时,服务顾问是否当着客户的面使用四件套;服务顾问是否向客户确认车内有无贵重物品或遗留物;服务顾问是否做到与客户一起对照车辆,环车检查,写出可以看到的服务需要并就此与客户进行商量;如果客户顾虑太多,服务顾问是否能请车间主任出面帮忙;服务顾问能否做到倾听客户的问题,并与客户一起发现问题。

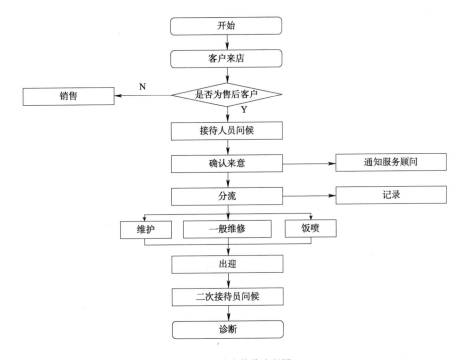

图 3-2　客户接待流程图

6)客户模式的区分

通过热情和周到的接待活动可以建立与客户良好的沟通,了解客户的行为类型,从而调整自己的行为类型,快速将客户带入舒适区。

服务顾问需要学习一定的客户模式知识,这样可以从客户的行为上确定客户为哪一类模式,进而有针对性地进行接待。

从性格上区分,客户可分为开朗型和内向型两种。开朗型客户喜欢与别人分享他们的感情、情绪和想法,内向型客户喜欢将他们自己感情、情绪和想法保留起来而不对外讲述。

从做决定的行为上区分,客户可分为主导型、分析型和社交型。主导型的客户性格开朗并且喜爱做决定,且决定得很快,他们时常处于人们的中心,喜欢讨论他人,他们知道自己想得到什么及如何去得到。分析型的客户性格内向,但也喜欢做决定,他们不对别人谈及他们的目的,但却暗中努力实现,他们对自己的工作准备充分,对细节十分关心。社交型客户性格有可能内向,对想要达到的目标不明确,他们的决定与反应都是从别处得到的,他们喜欢被其他人所喜爱,也称友好型。

不同类型的客户识别方法可以参看表3-1。

不同类型的客户识别方法 表3-1

主 导 型	分 析 型	交 际 型
\"我怎样才能分辨出客户属于哪种行为类型?\"		
语气强硬; 充满攻击性; 自信; 爱表现自己; 充满战斗精神; 蔑视他人; 喜欢穿时髦的服饰及佩戴装饰品	性格内向; 封闭型; 很有主见; 喜欢穿合适的、正式的服装	性格开朗; 对人友好; 总有不确定感; 对他人的事情很感兴趣; 喜欢交谈; 喜欢穿舒适的衣服
交 流 方 式		
声音大; 使用生动的语言; 使用较多的身体语言; 强烈的眼神交流; "你必须"; 这就是事实	沉默; 较少的眼神交流; 说话有根据; "你不认为……"	微笑; 有身体语言; 有眼神交流; 害羞; "哇噢"; "太好了"; "我不知道"
办 公 室 的 布 置		
显赫的; 尽量大; 时髦的家具	实用的; 功能化的	舒适; 放有家庭的照片
我们对于这些行为的一般反应是什么		
抗拒; 逃避; 变得充满攻击性	讲过多的话; 虚张声势	不耐烦; 过分逼迫对方
最理想的反应是什么		
表示尊敬; 略微表现出主导性的行为	争论时有事实根据; 给出详细的回答; 能保持沉默	支持; 表示友好; 说话紧扣重点

针对不同类型行为的客户,服务顾问应有不同的应付方法,可以参考表3-2。

不同类型行为客户的应付方法 表3-2

各个阶段	主 导 型	分 析 型	交 际 型
开场	表示尊敬; 容易开战	过程要简短; 不要涉及个人情况	表示友好; 让客户说话; 对客户表示欣赏
需求评估	不拘泥于细节; 快速通过	寻找细节与事实; 注重理性动机	寻找感性动机; 帮助客户寻求答案

续上表

各个阶段	主 导 型	分 析 型	交 际 型
产品展示	突出产品独特的卖点； 介绍最新的款式	致力于产品的实用性； 突出物有所值	展示与感性动机相联系的产品特性； 运用个人的使用经历作为参考； 寻求反馈
处理抗拒和结尾	争论； 一点点的争斗	提供消息	支持； 处理对方不确定的因素
跟踪服务	偶尔的	有计划的	经常的

所以，通过接待可了解客户的行为，并调整自己的行为，让客户进入舒适区，因为他们来的时候并不舒适，他们有不确定的因素。针对客户不确定的因素，最好的解决方法就是概述。

7) 概述

客户最大的疑虑之一就是他们不知道以后会发生些什么事，最好的解决方法是向他们说明将会发生的事，这就是概述。通过恰当的概述可以消除客户疑虑，带他们进入舒适区，并建立起客户对服务顾问的信任。事实上，概述是联结接待和需求分析的桥梁。例如，"这次维护的价格大概是798元。但我不知道它是否超出了您的期望。您能否给我几分钟时间跟我谈一下您的要求，您觉得怎么样？"

2. 客户接待过程及应对

1) 迎接

当客户开车来到维修站时，保安人员应礼貌问候并指挥客户停车，同时使用对讲机等通信工具通知服务顾问。

对于装有车辆识别系统（图3-3）的汽车服务企业，当客户车辆进厂时，系统能够自动识别客户车辆信息，该信息能够与客户管理系统自动连接，服务顾问和车间及配件部门能及时获取客户的相关信息，提前做好准备，节省客户的时间，提供更好的服务。

在这个环节中，如果遇到雨雪天气，保安人员应使用雨具帮助客户下车并送至接待区。对于业务量

图3-3 车辆自动识别系统

比较大的网点，应该考虑在维修高峰期设立维修引导员，可以由服务顾问轮流担任，这样可以在客户到了之后第一时间有人接待，使客户情绪更快地由焦虑区进入舒适区。

(1) 迎接客户。

服务顾问见到客户后第一时间应对客户进行主动、热情的问候（图3-4）。这样做的目的是为接待工作创造愉快的气氛，使客户能够感受到热情、友好的氛围，尽快帮助客户进入舒适区。

图3-4 主动问候客户

①任务：让客户感受到我的热情与真诚，为建立客户的信任和消除客户原本可能存在的不满情绪打下良好基础。

②操作步骤与要点：热情和真诚应是发自内心的，不可做作和带有功利色彩。在接待区见到客户必须起立迎接客户且进行问候，在停车区见到客户应主动问候并指引停车。在接待初次见面的客户时，服务顾问应主动进行自我介绍并双手递上名片（图3-5）。

图3-5　服务顾问的自我介绍

③标准动作示范：服务顾问应面带微笑（图3-6），双手握于腹前，身体略往前倾，要与客户有眼神沟通，需要引导客户时用手势进行指引。

图3-6　服务顾问的微笑

④标准语言示范：服务顾问应使用礼貌的语言如，"您好，欢迎光临""早上好""您好，请坐""您好，很高兴为您服务""您好，我是服务顾问×××，请问有什么可以帮助您的"。

⑤高峰时间的处理：当遇到接待高峰，出现有客户等待时间超过10min时，服务顾问应该及时通知售后业务经理或者服务经理，临时抽调人手参与接待工作。服务顾问应该主动与等待的客户先打招呼，例如，"先生，您先坐一会儿，再有几分钟就轮到您了"。

⑥服务经理和服务顾问应该采取多种措施应对接待高峰：售后业务经理或者服务经理参与接待客户；客户关系顾问可以负责欢迎和引导客户，安抚客户情绪；有些诊断工作和试车可以移交给车间处理；技术专家参与对客户车辆的诊断；可以先开具手写工作单据，事后再录入DMS系统。

（2）初步了解客户需求。

在主动问候客户后，服务顾问应马上询问客户的需求。这样做的目的是根据客户的需求尽快进行相应安排。了解客户需求的过程称为需求分析。

需求分析是顾问式服务过程中非常重要的一环。通过分析客户需求和期望，可以发掘需求和期望背后的感性和理性购买动机，了解符合客户潜在需求的产品和服务。一般的服务接待人员普遍认为客户知道他们想要什么。因此，接待人员就不再向客户询问任何问题，他们只是让客户向他们说出自己感兴趣的项目。想当然地认为客户已经对我们的需要作出了决定，接待人员就放弃了引导的角色。其实有很多客户在进入4S店时，根本不知道他们真正的需求,所以服务人员要多提问。需求分析也叫确定客户需求或者评估客户需求,根据销售的三要素可知,需求是构成销售的第一要素,如果不了解客户的真实购买需求,不根据客户的需求有针对性地进行服务和产品销售,那么销售的成交机会是不大的。

需求分表面需求和深层次需求,客户说出来的往往是表面的需求,就像冰山一角一样(表面需求),其实客户的更大需求或者让其作出购买决定的需求往往是冰山下面的需求(深层次需求),这就是客户需求的冰山理论。在进行需求分析之前,服务顾问首先要理解构成需求的5个方面:客户的目标和愿望、客户的困难和难题、客户的解决方案、客户购买的产品或服务、客户对产品或服务的要求和标准。服务顾问进行需求分析的目的是要更加关注客户的目标和愿望、客户的困难和难题,而不要在客户购买的产品或服务上进行纠缠,这也是需求分析的意义和价值所在。通过"冰山理论"(图3-7),我们可以发现客户需求分为:理性需求、感性需求、主要需求、次要需求。

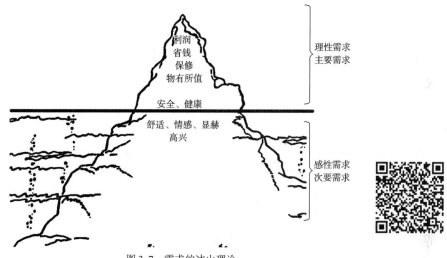

图3-7 需求的冰山理论

例如,客户前来修汽车空调冷气。他的主要需求是修好冷气,而且要冷;次要需求是越快越好,顺便检查车辆、洗车、打气;理性需求是价格便宜,保证质量,有保修;感性需求是觉得舒适,在他人面前会有面子。

需求分析的方法主要是提问和积极式倾听。

①提问。通过提问可以引出话题,给出对话方向,鼓励对话方的参与;可以建立客户的信心,使客户有一种被重视、被认同及找到知音的感觉;可以表示出兴趣与同情,使合作关系更合理。提问有两种:分别是开放式提问和封闭式提问。

a.开放式提问往往用来收集信息,帮助客户谈他自己的处境、生活和需求,有助于业务接待更好地评估客户的需求,获得更多的信息。问题中可使用下列这些词:什么(你的职业是什么?),哪里(你去哪里上班?),几时(你几时去?),怎么样(你怎么样去?),为什么(为什么回去?),谁(谁来做最后决定?)。

例:您想要"什么"样的脚垫?您"几时"取车?"为什么"不想解决空调压缩机异响?您说的行车异响具体是指"哪里"?"谁"跟您说的5000km不需要做维护?

b.封闭式提问用来询问特定的回答或信息,对理解、确认、阐明主题十分有用。

例:我们"是否"将四条轮胎做一下调位?您"今天"取车还是"明天"取车?您"可以不可以"告诉我您的通信地址?

②积极式倾听。美国知名主持人林克莱特一天访问一名小朋友,问道:"你长大后想要当什么呀?"小朋友天真地回答:"嗯,我要当飞机的驾驶员!"林克莱特接着问:"如果有一天,你的飞机飞到太平洋上空所有发动机都熄火了,你会怎么办?"小朋友想了想:"我会先告诉坐在飞机上的人绑好安全带,然后我挂上我的降落伞跳出去。"当时在现场的观众笑得东倒西歪时,林克莱特继续注视着这孩子,想看他是不是自作聪明的家伙。没想到,接着孩子的两行热泪夺眶而出,这才使得林克莱特发觉这孩子的悲悯之情,远非笔墨所能形容。于是林克莱特问他说:"为什么要这么做?"小孩的答案透露出一个孩子真挚的想法:"我要回去拿燃料,我还要回来! 我还要回来!"当你听到别人说话时,你真的听懂他说的意思了吗? 如果不懂,就请听别人说完吧,这就是听的艺术。

积极式倾听主要指听话不要听一半,不要把自己的意思投射到别人所说的话上;要理解客户的意思,帮助客户找出他们自己的需求。积极式倾听中的技巧主要有探查和复述。

a. 探查是就对谈话者刚才所说的话题或听者所关心的话题作进一步提问,是为了获得更多的信息,使说话者所说得多一些或使听者找到更合适的回答。探查主要有详细式探查、阐明式探查、重复式探查、复述深入式探查四种。

(a)详细式探查指当谈话者的话中没有包含足够的信息或部分信息没有被理解时所用的探查。例如,"关于这一点,你能再讲讲吗?"

(b)阐明式探查指当信息不清楚或模糊时所用的探查。例如,"不想做免费检测是什么意思?"

(c)重复式探查指在谈话者回避话题或没有回答先前的问题时所用的探查。例如,"再请问一下,制动片这次要不要换?"

(d)复述深入式探查指在鼓励谈话者深入地讲述同一话题时所用的探查。例如,"您说您对我们不满意?"

b. 复述主要是将听到的信息反馈给谈话者并表达理解和接受对方的意思。

③正确的对话技巧。在需求分析环节,服务顾问要学会用正确的对话技巧,这样可以有效、快速地沟通,以准确把握客户的需求。

常见的对话技巧有:使用客户能理解的语言、使用清晰简单的句子、话不要讲一半、平静而又自信地传递信息、交谈时紧扣重点、表现出同情心、对客户的不同意见表现出友好的态度、通知客户时意思表达清晰、提供给客户正确的建议、确认客户的陈述。

④需求分析的关键环节。需求分析环节的关键点有很多,经过企业的总结,大概有以下的关键环节:服务顾问是否运用提问与倾听的技巧,了解客户需求;服务顾问是否向客户建议了服务项目;服务顾问是否说明了维护与维修的好处;当配件库存不足时,服务顾问是否能告知客户本企业是以最短时间来订购配件的;服务顾问是否想方设法快速而准确地制作报价单;价格是否合理,是否物超所值;服务顾问是否对报价进行了详细的分析,以备应对客户;服务顾问是否对维修进行了估价、估时,并事先提示客户,如有不明白的地方请客户一定问清楚;为了使客户清楚价格以及经营的服务内容,在接待处是否加以明确表示;在受理维修时,服务顾问是否确认了与客户的联系方式;服务顾问与客户间因事情而有变动时,服务顾问是否立即通知了

维修工、车间主管、配件人员;报价单有变化时,服务顾问是否事先征得了客户的认可。

⑤需求分析的任务。尽可能快地了解客户此行的目的并作出对应的安排或指引。

⑥需求分析操作步骤与要点。客户到维修站的目的可能是维修、维护、购买精品、购买保险、参加活动、咨询中的一种或几种,了解到客户明确的需求后,接待人员才能够有效快速地进行指引和安排。询问时注意聆听,不要强加自己的主观意识,分清客户的主要目的和次要目的,避免思维定式、主次不分。客户有时会忘记部分需求,服务顾问可进行主动提示。

⑦标准语言示范。在该环节中,服务顾问可采用下面的语言,"您好,请问我能帮您做些什么?""您好,此次除了做维护之外,还需要我帮您做些什么?"

2)车辆防护

在初步了解客户需求之后,如果判定客户车辆需要进行维修或维护操作后,服务顾问应在第一时间对客户车辆进行防护。这样做的目的是表示对客户车辆的重视,体现着服务顾问对客户的关心和尊重,使客户感觉舒适。

(1)任务:使用四件套(脚垫、座椅防护套、转向盘防护套、变速器操纵杆防护套)快捷、到位地对客户车辆进行防护。当着客户的面安装防护四件套:先放脚垫,再铺座椅防护套,最后安装转向盘套以及换挡杆防护套(图3-8)。安装防护措施时要用下面的话术:"×××先生/女士,为了爱护您的车辆,我们为您的车安装防护用品四件套。"

图3-8 车辆防护

(2)操作步骤与要点:在未使用四件套时,禁止任何工作人员进入客户车内,即使客户表示不用,在进入车辆之前服务顾问也必须使用四件套,这样可表示出我们认真的工作态度和对客户车辆的重视程度。车辆防护不只是使用四件套,在驾驶客户车辆、开关车门、检查电器故障时都要小心、轻柔,绝不可在和客户交谈时扒靠开启状态的车门或倚靠车辆。

使用座椅定位贴在门槛上对座椅位置进行标记,位置以座椅最前沿为定位点。这也是客户关怀的一个重要点,即不随便调节客户的习惯驾驶位置。

3)问诊及预检

许多客户到4S店来不仅仅是为了维护或者也没有很明确的维修要求,很多客户到4S店只是觉得车辆某些方面可能有问题,这就需要服务顾问能够通过问诊和车辆预检发现问题,并以专业的知识为客户提供维修建议,或者消除客户的疑虑。高效、准确的问诊和预检工作能够帮助服务顾问从一开始就能发现客户车辆问题所在,从而避免浪费时间及反复与客户沟通,以便提高一次修复率。

(1)预检的重要性。通过预检可以增加维修项目,进行服务营销,增加单车产值。服务顾问应该仔细地进行预检。

(2)客户对预检的期望。在预检环节,客户希望服务顾问能仔细倾听他关于车辆故障的描述和维修需求,服务人员能认真、专业地主动询问,当面做进一步的实车检查以及能主动检查出车辆的其他故障问题。了解客户的这些需求对做好诊断工作,提升客户的满意度是至关重要的。

(3)预检环节流程。预检环节的流程如图3-9所示。

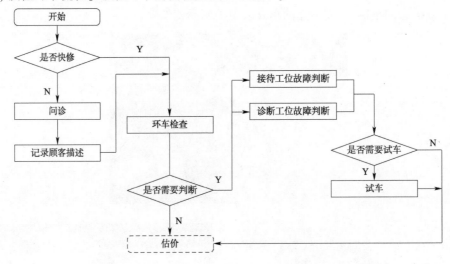

图3-9 诊断流程图

(4)预检任务。通过预先检查发现车辆存在的潜在问题,并建议客户进行修理。

(5)操作步骤与要点。当客户抱怨车辆有问题而不能直接判断时、当遇到车辆使用年限超过2年或者车况较差的报修车辆时,要积极地进行预检工作。

车辆预检的方法有很多:对于车辆年限超过质保期的车辆,应该按照《车辆入场检查》文件的要求进行检查;对于客户抱怨有问题的车辆,应该根据客户的描述重点检查,必要时请求技术专家的帮助;可以充分利用预检工位的举升机进行检查,特别是对于车辆底部的检查。

(6)环车检查。在正式确定维修内容之前,服务顾问需要和客户一起对车辆进行仔细检查。这样做的目的是和客户共同确认问题并记录车辆情况,帮助客户了解自己车辆的基本情况,保证客户在取车时车辆情况(除维修部分)保持一致。

①任务:服务顾问快速对车辆外观、内饰、发动机舱和行李舱进行检查,对于发现的问题及

时告知客户并给予相应的解决方案。

②操作步骤与要点:环车检查的主要步骤是检查车内、外观、轮胎、发动机舱、行李舱。对检查中发现的问题必须客观准确地告知客户;如客户报修检查异响或线路问题,应重点检查故障部位附近的外观情况,是否有维修过的痕迹;将检查中的问题准确地记录在工单上;在检查中,若发现自己不能处理的问题不要按自己的想法敷衍客户;环车检查也是服务销售的过程,严禁夸大问题;如客户报修的故障现象可以重现,则在现场和客户共同确认故障现象,保证出现的故障现象和客户描述的故障现象一致。

③环车检查的路线:在进行环车检查时,服务顾问最好带领客户沿着一定的路线和方法进行环车检查,这样可以大大节省时间并且做到不遗漏检查部位。环车检查一般按照六方位进行(图3-10)。

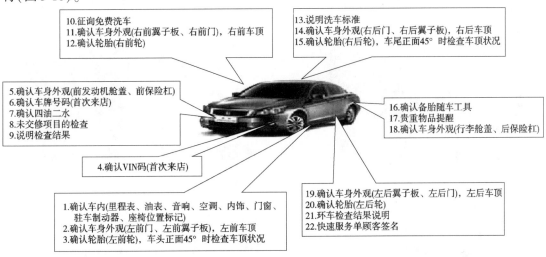

图3-10 六方位环车检查图

建议环车检查路线:从左前门开始,首先打开左前门,查看里程数并打开发动机舱盖,然后检查左前翼子板、车辆前部、发动机舱、右前翼子板、右前门、右后门、右后翼子板、车辆后部、行李舱、左后翼子板、左后门、左前门。检查车辆内部时,视线要从上到下,特别是要注意检查保险杠下部、轮胎及轮毂、车门槛下部、后视镜等容易忽视的地方。

④检查的主要内容:

a. 车身外部检查:车身漆面是否损伤、玻璃、后视镜、轮胎、前照灯和尾灯、天线、车标等(图3-11)。

b. 车身内部检查:座椅、仪表板、仪表警示灯、燃油表、里程表、按钮、控制面板等(图3-12)。

c. 发动机舱检查:各种油位、液位、发动机状况、水箱等(图3-13)。

d. 行李舱检查:随车物品、备胎、随车工具等(图3-14)。

e. 特别需要提醒的是,服务顾问在检查中发现的任何问题都应该给客户指出来,并在维修委托书上注明,并请客户签字确认,这样可以避免交车时出现纠纷(图3-15)。

f. 在预检过程中,服务顾问要注意使用环车检查预检单(图3-16)。详细的预检单可参考图3-17。

图 3-11　车身外部检查

图 3-12　车身内部检查

图 3-13　发动机舱检查

图3-14 行李舱检查

图3-15 车身划痕的提醒

4）确定维修项目

经过初步诊断，服务顾问应确立维修项目，并向客户介绍维修项目。

在给客户进行维修产品和服务内容介绍时，要将"给客户带来的益处"与"服务本身特性"相结合，以给客户带来实际的感觉。做产品和服务介绍时，要以理性为前提，感性作为结束。

例如，关于定期维护的介绍，服务顾问可以这么说："定期维护是依据维护手册检查表进行的，据此可以检查出即将损坏的配件，可以预先了解花费的多少。按时进行定期维护可以控制用车时间，明确预算（节省时间与金钱），可以安心使用爱车而不必担心会出故障。如果车子坏在山上或高速公路上将是一件危险的事，所以建议您按时来进行定期维护。"

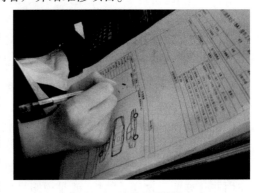

图3-16 环车检查预检单

上面的介绍可以归纳为FAB话术法则：FAB话术法则是销售理论中一个很重要的话术法则，它提供了一个向客户介绍商品的话术逻辑，通过该法则，可以将产品的特点、功能与客户获得的利益结合起来，促进客户对汽车产品的购买。

（1）FAB法则介绍。

FAB法则，即属性、作用、益处的法则，FAB对应的是三个英文单词：Feature、Advantage和Benefit，按照这样的顺序来介绍，就是说服性演讲的结构，它达到的效果是让客户相信你的产品是最好的，FAB法则是销售技巧中最常用的一种说服技巧。

<table>
<tr><td colspan="9">环车检查</td></tr>
<tr><td colspan="2">非索赔旧件</td><td colspan="3">带走 □　不带走 □</td><td colspan="4">外观检查(有损坏处用O标出)</td></tr>
<tr><td>转向机</td><td></td><td colspan="3" rowspan="12">油量显示(用→标记)

</td><td colspan="4" rowspan="12"> </td></tr>
<tr><td>车内仪表</td><td></td></tr>
<tr><td>车内电器</td><td></td></tr>
<tr><td>点烟器</td><td></td></tr>
<tr><td>座椅座垫</td><td></td></tr>
<tr><td>车窗</td><td></td></tr>
<tr><td>天窗</td><td></td></tr>
<tr><td>后视镜</td><td></td></tr>
<tr><td>安全带</td><td></td></tr>
<tr><td>车内饰</td><td></td></tr>
<tr><td>刮水器</td><td></td></tr>
<tr><td>全车灯光</td><td></td></tr>
<tr><td>前车标</td><td></td><td>后车标</td><td></td><td>轮胎轮盖</td><td>随车工具</td><td></td><td>其他</td><td></td></tr>
<tr><td colspan="5">接车人签字：</td><td colspan="4">客户签字：</td></tr>
</table>

图 3-17　环车检查单

①属性(Feature),人们经常把它翻译成特征或特点,而且很多销售人员至今还把它翻译成特征或特点。特征,顾名思义就是区别于竞争对手的地方。当你介绍产品且将其与竞争对手的产品进行比较时,就会让客户产生一定的抵触情绪。原因是什么？因为在销售的 FAB 中不应把 Feature 翻译成特征或特点,而应翻译成属性,即你的产品所包含的客观现实,即所具有的属性。比如,讲台是木头做的,“木头做的”就是产品所包含的某项客观现实、属性。

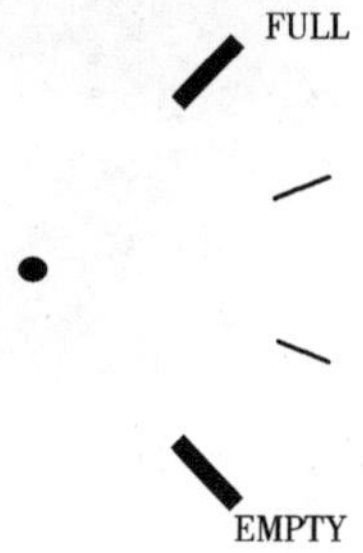

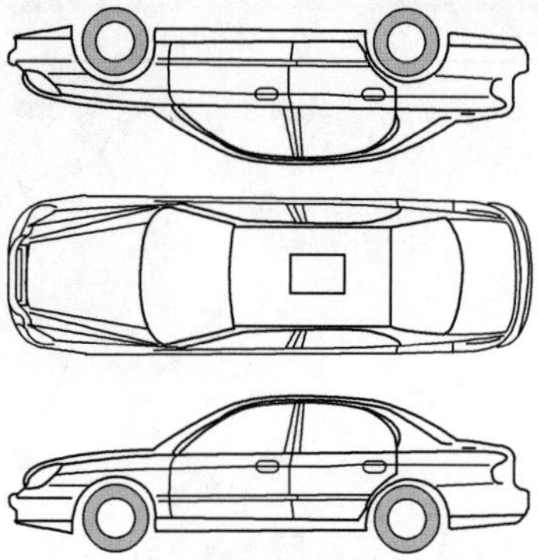

②作用(Advantage):很多销售服务人员把它翻译成了优点。优点就是你们比竞争对手好的方面,这自然会让客户产生更大的抵触情绪,因为你们所面临的竞争对手非常多,相似的产品也很多,你们的产品不可能比所有的产品都好。现实中的每一种产品都有各自的特征,当你们说产品的某个功能比竞争对手好的时候,客户就会产生非常大的抵触情绪。实际上,在销售中把 Advantage 翻译成作用会更好一些,作用就是能够给客户带来的用处。

③益处(Benefit):就是给客户带来的利益。比如,讲台是木头做的,而“木头做的”给客户带来的益处就是非常轻便。

利用 FAB 话术法则应该这样解释上面的例子,这个讲台是木头做的,搬起来很轻便,所以使用非常方便。这样的结构,就是说服性的演讲的结构,只有这样的结构才能让客户觉得你的产品满足了他的需求,并且愿意购买你的产品。

FAB 销售技巧简单说来就是销售人员的产品是 F 的,它可以 A,让您使用时有 B 的益处。简单吗？真是够简单的,但是要能够灵活运用,却也是需要花费一些工夫来练习的。

FAB 的三个环节是环环相扣的,产品首先会具备 F(属性),从而具有 A(作用),这样也就可以带给客户 B(益处)。

(2)FAB 法则应用说明。

①什么是属性？一只猫非常饿,想大吃一顿。这时销售人员推过来一摞钱,但是这只猫没有任何反应——这一摞钱只是一个属性。

②什么是作用？猫躺在地上非常饿,销售人员过来说:“猫先生,我这儿有一摞钱,可以买

很多鱼。"买鱼就是这些钱的作用。但是猫仍然没有反应。

③什么是益处？猫非常饿，想大吃一顿。销售人员过来说："猫先生请看，我这儿有一摞钱，能买很多鱼，这样你就可以大吃一顿了。"话刚说完，这只猫就飞快地扑向了这摞钱——这就是一个完整的FAB的顺序。FAB的含义分别在上面三例中作了解释，但要更深层次地理解FAB，销售人员需要知道FAB的前提条件，那就是——需求。请看下例。

什么是需求？猫吃饱喝足了，这时销售人员继续说："猫先生，我这儿有一摞钱。"猫肯定没有反应。销售人员又说："这些钱能买很多鱼，你可以大吃一顿。"但是猫仍然没有反应。原因很简单，它的需求变了。它不想再吃东西了，而是想见它的朋友了。

由此可见，需求是FAB的基础，没有了需求，无论是FAB还是什么销售技巧一切都将无从谈起，销售过程实际上就是发现、把握和满足客户需求的过程。所以现在也有人将FAB法则发展为NFAB法则，其中的N就代表了客户的需求。

(3) 如何应用FAB法则。

FAB是一个容易理解的概念，但它并没有被很好地运用，其中一个重要原因就是在运用过程中容易使人产生困惑。最常见的就是销售人员分不出特点和作用的差别是什么。为了解决这些困惑，我们需要回到FAB的本源，来了解当初IBM公司为什么提出这种FAB的训练模式。FAB一项最重要的功能就是在销售展示过程中，实现从产品到客户利益的挂钩，从而使客户更好地理解你的产品。区分F与A并不重要，重要的是如何让客户听懂你的展示。因此，建议服务人员对FAB的概念进行深层次理解，把它变成专家语言、傻瓜语言、客户价值。专家语言用于和技术型客户沟通，傻瓜语言用于和非技术型客户沟通，客户价值则用于和所有客户沟通。通过把FAB转化成专家语言、傻瓜语言和客户价值，我们可以很容易地把FAB的概念运用到销售过程中去。这样销售人员既可以用这三种语言诠释产品的基础功能，也可以用它诠释你公司产品的竞争优势。实现了这种转化之后，FAB应用起来就变得很容易了。

(4) FAB法则在汽车服务销售中的应用。

在将FAB法则应用到汽车服务销售的过程中时，销售人员要经常性地问自己3个问题：客户掏钱，是冲着商品还是商品能带给自己的利益？介绍商品的时候要把重点放在特点还是特点带来的利益？怎么给客户留下深刻的印象，创造有冲击力的介绍方式和话术？其中的第3个问题，销售人员称之为冲击，这样，FAB法则就发展成了NFABI法则，其中的I(Impact)表示冲击的意思。比如，客户很关心车辆动力的问题，此时服务顾问可以向客户介绍更换火花塞的重要性。

服务顾问："您好，通过刚才的沟通我发现您非常关心车辆的动力问题(N)，咱们这次打算给您更换铱金火花塞(F)，这种火花塞发火性能好、火花强烈，并且使用寿命很长(A)。如果您这次更换了铱金火花塞，将大大提高您车辆发动机的燃烧性能，使动力得到很大的提升，同时增加了更换的周期，普通火花塞更换的周期是30000km，这种铱金火花塞可以使用60000km以上(B)。使用这样好的火花塞，能充分体现您对车辆的关爱，并大大提升车辆的动力性能，您还不决定更换一下(I)？"

(5) 克服客户不同意见的话术。

当客户有不同意见时，表示客户想要求了解更多的信息。对服务顾问来说，则可以有机会给客户提供更多的信息。解决客户的顾虑对所有和客户打交道的员工来说都是一个非常具有挑战而且关键的任务。CPR方法是一个经过实践证明了的有效话术框架,它可以有效地把问题变成一个创造欣喜的机会。

CPR方法分三个步骤:说明、复述、解决。

①说明。说明环节是指当客户有疑虑时,服务人员要请客户清楚地说明他的疑虑所在。通过开放式提问,可以帮助服务人员正确理解客户的疑虑,并表现出服务人员对客户的关心。服务人员千万不能带着辩解的语气质问客户。要积极倾听客户的回答,因为客户的疑虑或许并不是你认为的那样。在这一步,服务人员可以使用与产品展示阶段类似的一些开放式问题,比如,"请问,能否告诉我您为什么会这么觉得?""您所说的是指……。""能否解释一下……。"利用这些提问来更有效地确定客户这些疑虑的根源所在。

②复述。复述是指服务顾问完全理解客户的担心之后再复述客户的疑虑,用服务人员自己的话复述客户的疑虑,通过另一个人的声音,客户把他们的疑虑表达了出来。这样做可使客户重新评估他们的担忧,进行修改或确认。复述客户疑虑的一大好处是:你可以换一种更有利于你作出回应的方法。这样做可以很好地解决原本可能会阻碍成交的一些疑虑。复述时,服务顾问应使用与在积极倾听时相同的语句进行确认。例如,"我听您的意思是……。""如果我没有理解错的话……。""也就是说……。"你对客户的疑虑进行复述时,应使用以上三种语句中的一种。

③解决。执行上述两个步骤能为服务人员赢得时间和所需信息,从而能更好地解决客户的反对意见。服务人员运用所掌握的品牌知识和产品知识与客户的购买动机和竞争对手的情况来组织自己的回答,为客户提供解答。回复客户前,服务顾问最好先表示认同客户疑虑中所表达的观点并用下列语句开始回答:"我感谢您对……的关注""我理解您为什么会对……有所顾虑……。"通过对客户观点的赞同,客户会觉得你是站在他们一边的,这会让你接下来所说的话都具有更高的可信度。消除客户的顾虑,可以以这样的话语来收尾,"我理解您的感受,我们不妨来比较一下原厂配件和副厂配件。您可以看到,我们的原厂配件和他们相比是占优势的。"

(6) 服务和产品介绍环节的关键点。

在该环节中,有如下一些关键点:介绍时,服务顾问的表情是否诚恳、对客户是否充满关心;服务顾问是否使用了简明易懂的语言向客户说明;服务顾问是否运用了数据和案例来说明;服务顾问是否结合了益处和特性;客户如有疑问时,服务顾问是否给予了耐心的解释;客户不感兴趣时,服务顾问是否仍然不厌其烦地推销服务或产品;服务顾问对同一服务或产品的解释是否不一致;客户同意接受服务或产品时,服务顾问是否显得很高兴。

(7) 任务。

通过服务顾问的专业知识将客户的需求转化为我们的服务产品。

(8) 操作步骤与要点。

对于某些检查项目可能涉及客户使用问题而导致无法索赔维修时,需要提前告知客户,将可能的收费告知客户,客户同意后再确定维修项目。对于现场检查可以重现的故障现象,需向客户告知可能的维修方向,进一步确定维修方案的时间和联系方式。对于现场检查无法重现的故障现象,需征求客户意见,是继续使用观察还是留厂观察,只有见到故障现象时才能进行相应检测。

5）估价和报价

通过需求分析，向客户提供具有可行性的选择方案及报价，找出并解决问题，确定交修时间，最终取得客户承诺，这是交修确认的目的。交修确认主要包括报价、找出并解决问题、取得客户承诺几个环节。

(1) 报价。价格是客户很关注的因素，也是决定他是否购买维修维护服务的关键因素，恰当的报价方法可以使客户较好地接受服务顾问的报价。常见的报价方法如下。

①汉堡式报价（图3-18）。顾名思义，汉堡分三层，所以报价方法也从三个方面进行价格说明。首先总结出最能激发客户热情且是针对客户的益处，这些益处应该能够满足客户主要的购买动机，然后清楚地报出价格，最后强调一些能超过客户期望值的、针对客户的益处。

②价格最小化法报价。该方法是将总报价分配到细小处，让客户不觉得太多。例如，"换一块原厂蓄电池500元，最少可使用2年，等于每天还不到1元钱，却可以使您不用担心每天早上都有可能发生打不着火的情况，你认为值得吗？"

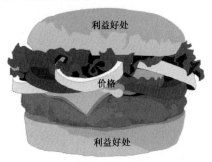

图3-18　汉堡式报价

③价格比较化法报价。该方法是将报价和其他客户易于接受的事情进行比较，进而使客户能接受报价。例如，"做一次维护花200元，也就是吃一顿饭的钱。"

④将价格转化为投资额法报价。该方法是将报价转换为客户的投资，从侧面打消客户的疑虑。例如，"彻底清洗喷油嘴可增加发动机功效、降低油耗，省下的汽油钱是维修费用好几倍。"

⑤制作资产负债表法报价。该方法是将报价转换为资产负债，从而打动客户。例如，"你的车在我们这里上保险花近4000元就可以享受维修工费的九折优惠和免费救援、免费洗车等多种服务，万一车出了险还可以享受最快捷、最专业的服务，我们给您使用的全是原厂配件，您会得到超值的回报。"

⑥增加效益法报价。该方法是将报价和客户获得的效益进行结合，让客户觉得划算。例如，"装一副倒车雷达1500元，这可以避免周围环境不经意间对您爱车的损坏，否则，万一您的车不小心碰到了别的物体，将会给您带来很大的麻烦。"

(2) 找出并解决问题。当服务顾问要寻求客户认同时，如果客户的回答是"我再想想看"，可能意味着存在下面的问题：竞争者更合适（信心），比想象中的还贵（购买力或需求），我想讨价还价（购买力），我认为不需要（需求），我负担不起（购买力），我做不了决定（购买力或信心），未能使我信服（信心或需求）。针对这种问题，服务顾问要本着为客户服务的态度，以获得正确、双赢的结果，同时要善于抓住客户的购买信号。当客户询问价格、杀价、询问何时交工时，或当客户点头、微笑、身体前倾、仔细研究维修单、在纸上计算时，往往就是客户的购买信号。

(3) 取得客户承诺（交修确认）。经过产品和服务介绍及报价后，如果客户还在犹豫，服务顾问要采用一定的方法取得客户的承诺。常用的方法如下。

①正面假设法：假设已经成交，把所有签订维修单的程序都完成好，使客户处在必须签字认可的位置。

②两项选择法：提供两个正面的选择给客户。

③开放式提问,然后沉默。
④"如果"法:如果客户同意,我可以让车间尽快施工。
⑤将来发生式:建议客户尽快决定,避免不愉快的事发生。
⑥循序渐进式:使产品或服务一步一步地获取客户认同。
⑦顺便讲一下,我们还可能送折扣、会员卡……

(4)交修确认和维修环节中的关键点。该环节的关键点有:维修作业是否能马上开始;不能马上开始维修作业的时候,服务顾问是否向客户说明其原因;服务顾问是否时常确认正在等待的客户的情况,并与客户保持联系;服务顾问是否特别重视维修索赔等需要注意的车辆的服务情况;有无人员关心休息厅内的客户;服务顾问是否非常小心仔细地对待客户的车;在修理过程中,维修人员是否能留心发现新增维修问题并及时与相关人员沟通;免费修理时,服务顾问是否能记得向客户解释说明过哪些是免费修理的地方,并能给客户带来什么好处;维修技工、检查人员的说明或特别标记的事项,服务顾问是否记录进了派工单;检查比预定时间推迟时,维修人员是否通知了服务顾问,服务顾问是否与客户取得了联系;维修技工是否把零件整齐地放置于指定位置;维修人员是否有在客户的车内抽烟、吃东西等非工作行为;车内音响、杯托、座位位置、时钟等,在修理完成后是否恢复原状;服务顾问是否收到维修技工在维修中关于发生损坏或弄脏客户车辆的报告。

(5)估价的重要性。估价流程是标准服务流程中的重要环节。此环节中,服务顾问应将维修时间和所需费用逐项解释清楚,展现专业、诚信、负责的态度,履行对客户的承诺,建立客户对企业的信赖感,为之后流程顺利执行打下坚实基础。

(6)客户对估价环节的期望。在估价环节中,客户有如下的期望:服务人员有友好的服务态度、能够以专业的方式解释车辆的问题、能准确地给出修理的时间和合理的价格。了解这些期望对于在报价环节中提高客户的满意度是非常有用的。

(7)估价流程。估价流程图如图3-19所示。

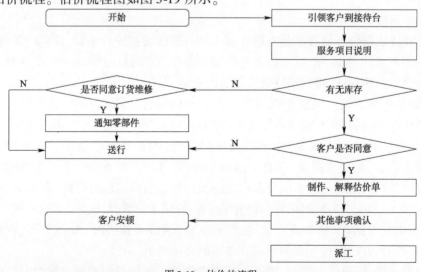

图3-19 估价的流程

(8)客户没有签约。如果客户没有签约,服务顾问也不要沮丧,更不要记恨客户,相反,服务顾问应该记住下面的原则:客户现在说"不",不等于永远说"不",要保持与客户的联系。客户可能对服务本身并不十分满意,但他会对你接待的整个过程十分满意,并对与你一起相处的这段时间感到十分高兴。

(9)客户签约。客户签约当然是成交了一项业务,服务顾问应该很高兴,但在高兴之余还应该注意下面的原则:不应因为得到签约而兴奋异常,这样会给客户带来一种输了的感觉。大家在平时是否有买了东西又觉得不合算的感觉?进而会问自己:"我真的需要这些服务吗?是否别处更便宜呢?"我们应帮助客户确信他作了正确的选择。服务顾问应给出一个交车及跟踪服务的概述并感谢客户。

6)核对客户信息、建立维修委托书、打印维修委托书

在客户认可维修工作之后,服务顾问应将确认内容形成纸质合同(维修委托书)。这样做的目的是可以形成正式合同(图3-20)。

(1)任务:将已和客户确认的维修项目、维修估计和预计完成时间打印在工单上。

(2)操作步骤与要点:核对客户基础信息,重点是联系方式,如有出入,必须立即在系统中更正。

图3-20 合同的制作

(3)提示:特别要注意那些送修人与车主不同的维修信息,必须记录下送修人的电话,以方便联系。不要只把那些收费的项目写在维修委托书上,客户提出需要处理的一些小问题,最好也要写在上面(即使是不收费的),以免修理技师忘掉。否则,如果这些问题没有处理,在交车时客户会很不满。

7)五项确认、客户签字

在维修委托书打印完毕之后,服务顾问应将维修项目、预计价格、预计完工时间、是否洗车、是否保留旧件这五项内容逐一和客户正式确认并请客户在维修委托书上签字,交给送修人维修委托书客户联作为取车凭证。这样做的目的是让客户确实了解合同内容并确认(图3-21)。

图3-21 合同确认

(1)操作步骤与要点:必须就相关内容向客户进行逐一讲解,确认客户能真正理解。因为签字不代表客户完全理解合同内容。

(2)提示:在接待过程中,随着客户逐渐进入舒适状态,客户对服务顾问也逐渐建立了信任,因此有部分客户对价格、时间等细节就不太关注了,即充分信任服务顾问。在合同确认时,这部分客户对具体的价格和时间没有注意看就签字确认,但在取车结算时发现和自己的理解有很大出入,造成不满,认为受到了欺骗。为了避免这种情况出现,服务顾问一定要在事前把相关的事前给客户说明并确认客户已了解。

为了提升工作效率,目前很多企业采用了移动物联网的PAD终端工具,可以无线移动的制作打印客户维修委托书(图3-22),服务顾问要善于学习新的工具和应用系统,更好地促进工作效率的提升。

图3-22 客户接待终端系统

8)安排客户休息

维修委托书确认完毕后,服务顾问要根据客户的需要安排客户休息或离店。这是很重要的工作,不理睬客户会使客户不知所措,重新陷入焦虑区。此时,你可以说:"请您到休息区休息一下,我们会尽快维修您的车辆,有问题我们会及时通知您,"(图3-23)。或者说:"您的车要很长时间才能修好,您可以到休息区等候,那里有电视和报纸。如果您有事可以先去办事,我们可以帮您叫出租车。有问题我们会电话通知您。"

(1)任务:安排客户到休息区等候或送离客户。

(2)操作步骤与要点:指引客户到休息区;告知客户休息区的休闲娱乐设施;告知客户自己的联系方式;店内提供接送车或出租车电话,以方便离店客户。

9)客户交接

客户交接主要是指当客户在店内等待时,服务顾问引领客户到客户休息室。

(1)操作标准。客户交接时,主要是服务顾问向休息室服务人员介绍客户。操作标准有:休息室服务人员迎接客户、问候客户并做自我介绍、服务顾问介绍客户。

(2)方法或话术。休息室服务人员应主动迎接客户并面带笑容,同时做自我介绍(图3-24),例如,"×××先生/女士您好,我是休息室服务人员×××,很荣幸为您服务。"问候客户时,服务人员应微鞠躬15°。服务顾问介绍客户时,如果是新客户,可以这样说:"这位是×××先生/女士,请带他熟悉我们休息室的环境。"如果是老客户,则可以这样说:"这位是×××先生/女士。"

图3-23 安排客户进休息室

图3-24 服务人员的自我介绍

(3)注意事项。休息室服务人员的仪容仪表应符合公司标准。

10)过程关怀

在车辆维修过程中,如果时间较长,服务顾问要对客户进行过程关怀。

(1)操作标准。该环节的操作标准主要是了解维修进度、关怀客户。

(2)方法或话术。服务顾问通过DMS查看车辆维修进度;服务顾问联系车间,以了解车辆维修状况;服务顾问关怀休息室等待客户。例如,"×××先生/女士,您觉得在这边休息得好吗?""×××先生/女士,您的车辆维修进度正常。预计可在××点准时完成,您请稍坐。"

(3)注意事项。若无法准时完成车辆维修工作,服务顾问需了解原因及应对方案;服务顾问应与客户保持至少1次互动。

11)增项处理

在维修过程中,如果发现客户的车辆存在其他的问题,要及时提醒客户,在征得客户的同意并确认后,才可以进行修理(图3-25)。

根据以上的知识和案例学习,学生可以采用角色扮演的方法对接待的各个环节进行实践训练,在训练的过程中对接待的各环节加以理解和掌握。

图3-25　增项的确认处理

二、任务实施

1. 信息收集和处理环节

(1)收集接待岗位职责的资料。

(2)收集接待岗位要求的资料。

2. 制订工作任务方案和计划

(1)结合工作情况,制订客户接待和车辆检查的应对计划。

(2)根据客户实际情况制订接待和车辆检查的工作流程。

3. 任务方案确定环节

(1)展示自己接待和车辆检查应对的方案。

(2)讨论并修改接待和车辆检查方案。

(3)确定接待和车辆检查执行的方案。

4. 方案实施环节

(1)展示自己对接待工作的理解。

(2)展示自己对接待过程的应对方法。

5. 检查控制环节

(1)在方案实施过程中,检查实施过程是否完整。

(2)检查方案实施过程中要点和内容的正确性。

6. 评价反馈环节

(1)在方案实施过程中,你是否体现了所说的"专业对车、诚意待人"的接待工作定位。

(2)在方案实施过程中,你是否体现了客户关怀的工作理念。

(3)在顾问式服务各环节的展示过程中,你是否体现了服务的细节。
(4)针对评价和反馈意见,进行方案的修改和完善。

项目1　问候和咨询预约客户

1. 角色扮演的学习目标

在完成该角色扮演之后,你便能够使用维修服务接待工作的标准流程应对客户。

2. 角色扮演的目的

服务顾问能将客户关心的问题成功填写到派工单上并满足客户期望。

3. 情景

客户预约40000km定期维护。他想要了解其车辆40000km定期维护服务内容的详细信息。

4. 车辆信息

车辆型号:×××××。

里程:40022km。

购买日期:2010年9月24日。

5. 客户要求和期望

(1)客户想要了解40000km定期维护服务内容的详细信息。

(2)客户想在当天19:00下班回家路过时来取车。

(3)客户想要安排接送车或派车将其送到最近的车站。

(4)客户想用经销商会员信用卡支付,这样客户可享受10%的折扣。

(5)客户没有其他担心的问题。

6. 客户角色的要求

角色扮演中,除非服务顾问特别要求,否则你不要提供下列信息。每个问题可提供一条相应的信息。

(1)你有预约。

(2)你想要了解40000km定期维护服务内容的详细信息。

(3)你想在当天19:00下班回家路过时来取车。

(4)你想要安排接送车或派车将你送到最近的车站。

(5)你想用经销商会员信用卡支付,这样可享受10%的折扣。

(6)你没有其他担心的问题。

7. 观察员角色的要求

观察员要明确客户要求和期望,重点观察服务顾问是否注意到了下面的内容和细节。

(1)客户有预约。

(2)客户想要了解40000km定期维护服务内容的详细信息。

(3)客户想在当天19:00下班回家路过时来取车。

(4)客户想要安排接送车或派车将其送到最近的车站。

(5)客户想用经销商会员信用卡支付,这样客户可享受10%的折扣。

(6)客户没有其他担心的问题。

8. 实施

根据以上描述和要求执行该项目的角色扮演。

项目 2　问候和咨询未预约客户

1. 角色扮演的学习目标

在完成该角色扮演之后,你便能够使用经销商的客户应对标准流程来应对客户。

2. 角色扮演的目的

服务顾问能将客户关心的问题成功填写到派工单和诊断工作单上,并能事先解释要完成的工作和预估维修费用。

3. 情景

客户没有预约,但想要修理他车辆的空调。他车辆超过保修条件(保修条件为50000km或3年,以先到者为准)。

4. 车辆信息

车辆型号:×××××。

里程:62233km。

购买日期:2008年5月24日。

5. 客户问题和期望

(1)空调在发动机起动后会提供一会儿冷风,即使在极热的天气。

(2)在发动机暖机之后空调不能很好制冷。

(3)在任何天气情况下都是如此。

(4)客户在一周前注意到这种情况,且情况看起来越来越差。

(5)其他功能正常:风扇速度控制、风扇模式控制等。

6. 对客户角色的要求

在角色扮演过程中,除非服务顾问特别要求,否则你不要提供下列信息。每个问题可提供一条相应的信息。

(1)空调在发动机起动后会提供一会儿冷风,即使在极热的天气。

(2)在发动机暖机之后空调不能很好制冷。

(3)在任何天气情况下都是如此。

(4)客户在一周前注意到这种情况,且情况看起来越来越差。

(5)其他功能正常:风扇速度控制、风扇模式控制等。

7. 观察员的要求

在演练过程中,观察员要清楚客户的要求和期望,并重点观察服务顾问是否遗漏了这些要点:

(1)空调在发动机起动后会提供一会儿冷风,即使在极热的天气。

(2)在发动机暖机之后空调不能很好制冷。

(3)在任何天气情况下都是如此。

(4)客户在一周前注意到这种情况,情况看起来越来越差。

(5)其他功能正常:风扇速度控制、风扇模式控制等。

8. 实施

根据以上描述和要求执行该项目的角色扮演。

项目 3　问候和咨询有关重复工作

1. 角色扮演的学习目标

在完成该角色扮演之后,你便能够使用经销商的客户应对标准流程来应对客户。

2. 角色扮演的目的

服务顾问能将客户关心的问题成功填写到派工单上,并能事先解释要完成的工作和预估维修费用。

3. 情景

日期:10 月 3 日上午 8:30。

客户没有预约。这是一项重复工作,蓄电池再次没电。客户一周前在该维修车间进行了相同的修理。

4. 车辆信息

车辆型号:×××××。

里程:78722km。

购买日期:2008 年 12 月 24 日。

5. 客户要求和期望

(1)客户想要立即修理车辆。

(2)客户想要在今天 18:00 取回车辆。

(3)在今天 18:00 之前,客户需要一辆租借车辆。

(4)客户不想支付更多的费用。

6. 客户角色要求

在角色扮演过程中,除非服务顾问特别要求,否则你不要提供下列信息。每个问题可提供一条相应的信息。

(1)今天早晨,车辆的发动机又没有起动。起动机转动不顺畅。

(2)你想要立即修理车辆。

(3)你想要在今天 18:00 取回车辆。

(4)在今天 18:00 之前,你需要一辆租借车辆。

(5)你不想支付更多的费用。

7. 观察员角色要求

在演练过程中,观察员要清楚客户的要求和期望,并着重观察服务顾问是否完成了这些项目:

(1)今天早晨,车辆发动机没有起动。起动机没有转动。

(2)客户想要立即修理车辆。

(3)客户想要在今天 18:00 取回车辆。

(4)在今天 18:00 之前,客户需要一辆租借车辆。

(5)客户不想支付更多的费用。

8. 实施

根据以上描述和要求执行该项目的角色扮演。

项目4　在制动器噪声修理服务开始之前进行解释

1. 角色扮演的学习目标

在完成该角色扮演之后,你便能够使用经销商的客户应对标准流程来接待客户。

2. 角色扮演的目的

在解释之后,服务顾问能让客户在派工单上签字认可。

3. 情景

在试车之后,服务顾问向客户解释本企业将要完成的工作、需要的费用和交车时间。

4. 车辆信息

车辆型号:×××××。

里程:36112km。

购买日期:2009年8月2日。

5. 客户要求和期望

(1)它是很大的摩擦噪声。

(2)听起来像金属与金属的摩擦。

(3)摩擦噪声从汽车前部的下方听到。

(4)它仅在使用制动时出现。

(5)自从该噪声出现以后,客户感到制动时比以前更费力。

(6)客户在一周前就注意到该噪声。

(7)客户想知道是否应该紧急检查该噪声问题。

(8)如有可能,客户想等到下次定期维护时检查,因为客户每天开车上下班。客户在下周一上午07:00有时间。

6. 客户角色要求

在角色扮演过程中,除非服务顾问特别要求,否则你不要提供下列信息。每个问题可提供一条相应的信息。

(1)它是很大的摩擦噪声。

(2)听起来像金属与金属的摩擦。

(3)摩擦噪声从汽车前部的下方听到。

(4)它仅在使用制动时出现,自从该噪声出现以后,你感到制动时比以前更费力。

(5)你在一周前就注意到该噪声。

(6)你想知道是否应该紧急检查该噪声问题。

(7)如有可能,你想等到下次定期维护时检查,因为你每天开车上下班。你在下周一上午7:00有时间。

7. 观察员角色要求

在扮演过程中,观察员要关注服务顾问是否注意了下面的信息:

(1)它是很大的摩擦噪声。

(2)听起来像金属与金属的摩擦。
(3)摩擦噪声从汽车前部的下方听到。
(4)它仅在车辆制动时出现,自从该噪声开始以后,客户感到制动时比以前更费力。
(5)客户在一周前就注意到该噪声。
(6)客户想知道是否应该紧急检查该噪声。
(7)如有可能,客户想等到下次定期维护时检查,因为客户每天开车上下班。客户在下周一上午7:00有时间。

8. 实施
根据以上描述和要求执行该项目的角色扮演。

项目5 在开始定期维护之前的解释工作

1. 角色扮演的学习目标
在完成该角色扮演之后,你便能够使用经销商的客户应对标准流程了解客户要求。

2. 角色扮演的目的
服务顾问能向客户解释本企业要完成的工作、预估维修费用和交付时间并得到客户签字认可。

3. 情景
服务顾问向客户解释本企业要完成的工作、费用以及交车时间。

4. 车辆信息
车辆型号:×××××。
里程:40022km。
购买日期:2009年9月24日。

5. 客户要求和期望
(1)客户想要在总费用低于300元的情况下完成维修。
(2)客户想要在19:00取回汽车。
(3)客户想要安排接送车或派车将其送到最近的车站。
(4)客户想用经销商会员信用卡支付,这样客户可享受10%的折扣。
(5)客户没有其他担心的问题。
(6)客户只是想确保在即将到来的假期中能够毫无问题的安全旅行。

6. 客户角色要求
在角色扮演过程中,除非服务顾问特别要求,否则不要提供下列信息。每个问题可提供一条相应的信息。
(1)你想要在总费用低于300元的情况下完成维修。
(2)你想要在19:00取回汽车。
(3)你想要安排接送车或派车将你送到最近的车站。
(4)你想用经销商会员信用卡支付,这样可享受10%的折扣。
(5)你没有其他担心的问题。
(6)你只是想确保在即将到来的假期中能够毫无问题的安全旅行。

7. 观察员角色要求

在扮演过程中,观察员要清楚客户的要求,重点观察服务顾问是否注意了下面的内容:

(1)客户想要在总费用低于300元的情况下完成维修。

(2)客户想要在19:00取回汽车。

(3)客户想要安排接送车或派车将其送到最近的车站。

(4)客户想用经销商会员信用卡支付,这样客户可享受10%的折扣。

(5)客户没有其他担心的问题。

(6)客户只是想确保在即将到来的假期中能够毫无问题的安全旅行。

8. 实施

根据以上描述和要求执行该项目的角色扮演。

项目6 在开始返修前的解释工作

1. 角色扮演的学习目标

在完成该角色扮演之后,你便能够使用经销商的客户应对标准流程了解客户要求。

2. 角色扮演的目的

服务顾问能向客户成功解释本企业要完成的工作、预估维修费用和预估交车时间。

3. 情景

日期:10月25日。

一周前,客户由于车辆下方出现噪声而修理了车辆。但是,今天早晨噪声再次出现。客户想要立即修理。

4. 车辆信息

车辆型号:×××××。

里程:78722km。

购买日期:2008年12月24日。

5. 客户要求和期望

(1)客户想要立即修理车辆。

(2)客户想要知道实际原因是什么。

(3)客户每天工作都要使用车辆。你想要一辆租赁汽车,直到修理完成。

(4)客户没有其他担心的问题。

(5)客户只是要确保车辆没有问题,以保障每天工作中的行驶安全。

6. 客户角色要求

在角色扮演过程中,除非服务顾问特别要求,否则不要提供下列信息。每个问题可提供一条相应的信息。

(1)你想要立即修理车辆。

(2)你想要知道实际原因是什么。

(3)你每天工作都要使用车辆。你想要一辆租赁汽车,直到修理完成。

(4)你没有其他担心的问题。

(5)你只是要确保车辆没有问题,以保障每天工作中的行驶安全。

7. 观察员角色要求

在扮演过程中,观察员要重点观察服务顾问是否注意到了下面的信息并进行了积极应对:

(1)客户想要立即修理车辆。

(2)客户想要知道实际原因是什么。

(3)客户每天工作都要使用车辆。他想要一辆租赁汽车,直到修理完成。

(4)客户没有其他担心的问题。

(5)客户只是要确保车辆没有问题,以保障每天工作中的行驶安全。

8. 实施

根据以上描述和要求执行该项目的角色扮演。

项目7 给失约客户打确认电话,重新完成预约

1. 角色扮演的学习目标

在完成该角色扮演之后,你便能够使用经销商的客户应对标准流程确认客户没来的原因。

2. 角色扮演的目的

服务顾问能为没来的客户重新计划预约日期和时间。

3. 情景

服务顾问联系没有在预约时间内来维修车间的客户。预约日期为10月1日上午7:00。

4. 客户姓名

张先生(或李女士)。

5. 车辆信息

车辆型号:×××××。

里程:40022km。

购买日期:2009年9月24日。

6. 客户要求和期望

(1)客户今天有会。他/她想在周五上午8:00将车送到经销商处,并想在傍晚将车取回。

(2)客户想要安排接送车或派车将其送到最近的车站。

(3)客户没有其他担心的问题。

(4)客户希望包括配件价格在内的修理费用低于300元。

7. 客户角色要求

你是张先生(或李女士)。你在10月1日有一个紧急会议,不能联系维修车间,并想将预约时间改为本周五上午8:00。

在角色扮演过程中,除非服务顾问特别要求,否则你不要提供下列信息。每个问题可提供一条相应的信息。

(1)你今天有会。你想在周五(10月5日)上午8:00将车送到经销商处,并想在傍晚将车取回。

(2)你想要安排接送车或派车将客户送到最近的车站。

(3)你没有其他担心的问题。

(4)你希望包括配件价格在内修理费用低于300元。

8.观察员角色要求

客户姓名为张先生(或李女士)。他/她在10月1日有一个紧急会议,不能联系维修车间,并想将预约时间更改为本周五上午8:00。在扮演过程中,观察员要重点观察服务顾问是否注意了下面的细节:

(1)客户今天有会。他/她想在周五上午8:00将车送到经销商处,并想在傍晚将车取回。

(2)客户想要安排接送车或派车将其送到最近的车站。

(3)客户没有其他担心的问题。

(4)客户希望包括配件价格在内的修理费用低于300元。

9.实施

根据以上描述和要求执行该项目的角色扮演。

项目8　给失约客户打确认电话,确认客户失约原因

1.角色扮演的学习目标

在完成该角色扮演之后,你将能够确认客户失约原因。

2.角色扮演的目的

服务顾问能成功发现客户没来维修车间的原因。

3.情景

客户姓名为张先生,他预约在10月1日上午7:30进行汽车维修,但客户想要取消该预约。服务顾问联系没有在预约时间内来维修车间的客户。

4.车辆信息

车辆型号:××××。

里程:79886km。

购买日期:2009年11月3日。

5.客户要求和期望

(1)客户最近几天没有时间将他的车送到维修车间。

(2)客户想把维修计划延至下个月。

6.客户角色要求

你是张先生,你预约在10月1日上午7:30进行汽车维修,但你想要取消该预约。你想把维修计划延至下个月。

7.观察员角色要求

在角色扮演中,观察员要知道他预约在10月1日上午7:30进行汽车维修,他想要取消该预约。服务顾问联系没有在预约时间内来维修车间的客户。客户想把维修计划延至下个月。

8.实施

根据以上描述和要求执行该项目的角色扮演。

三、学习评价

1. 项目1的综合评定(表3-3)

项目1综合评定表　　　　　　　　　　　　　　　　　　　　　　表3-3

综合评定	完成		没有完成
	良好	有待提高	
1.语调和清晰度			
2.保持客气和礼貌			
3.提问和使用浅显易懂的语言			
4.不打断客户谈话			
5.记录			
活动检查单			
1.当问候客户时保持目光接触和面带微笑			
2.确认客户姓名并在交谈过程中使用			
3.仔细倾听并确定其服务需求			
4.通过提问从客户那里收集附加信息			
5.确认维护手册(如果适用)			
6.亲自确认车辆状况或事件			
7.使用问题/示例确认你的理解			
8.询问是否还有其他疑虑/问题			
9.派工单记录:使用客户的语言书写清楚			
10.询问客户是否需要替代交通工具上班或回家			
其他评语:			

2. 项目2的综合评定(表3-4)

项目2综合评定表　　　　　　　　　　　　　　　　　　　　　　表3-4

综合评定	完成		没有完成
	良好	有待提高	
1.语调和清晰度			
2.保持客气和礼貌			
3.提问和使用浅显易懂的语言			
4.不打断客户谈话			
5.记录			
活动检查单			
1.当问候客户时保持目光接触和面带微笑			
2.确认客户姓名并在交谈过程中使用			

续上表

综合评定	完成		没有完成
	良好	有待提高	
3.仔细倾听并确定其服务需求			
4.通过提问从客户那里收集附加信息			
5.确认维护手册(如果适用)			
6.亲自确认车辆状况或事件			
7.使用问题/示例确认你的理解			
8.询问是否还有其他疑虑/问题			
9.派工单记录:使用客户的语言书写清楚			
10.询问客户是否需要替代交通工具上班或回家			
其他评语:			

3.项目3的综合评定(表3-5)

项目3综合评定表　　　　　　　　　　　　　　　　　　　　　　表3-5

综合评定	完成		没有完成
	良好	有待提高	
1.语调和清晰度			
2.保持客气和礼貌			
3.提问和使用浅显易懂的语言			
4.不打断客户谈话			
5.记录			
活动检查单			
1.当问候客户时保持目光接触和面带微笑			
2.确认客户姓名并在交谈过程中使用			
3.仔细倾听并确定其服务需求			
4.为给客户造成的不便,向客户致歉			
5.通过提问从客户那里收集附加信息			
6.确认维护手册(如果适用)			
7.亲自确认车辆状况或事件			
8.确认你对客户问题的理解			
9.询问是否还有其他疑虑/问题			
10.派工单记录:使用客户的语言书写清楚			
11.询问客户是否需要替代交通工具上班或回家			
其他评语:			

4. 项目4的综合评定（表3-6）

项目4 综合评定表　　　　　　　　　　　　　　　　　　表3-6

综合评定	完成		没有完成
	良好	有待提高	
1. 语调和清晰度			
2. 保持客气和礼貌			
3. 提问和使用浅显易懂的语言			
4. 不打断客户谈话			
5. 记录			
活动检查单			
1. 为给客户造成的不便，向客户致歉			
2. 向客户解释验证结果			
3. 如果需要，解释你发现的情况并将推荐的附加维修项目通知客户			
4. 使用支持工具解释要你完成的工作			
5. 解释预估的维修费用、工时和零件费用			
6. 确定可能的交车日期和时间			
7. 告诉客户，如果发现附加工作或任何变化，维修车间将联系客户			
8. 询问客户是否还有其他问题			
9. 让客户在派工单上签字认可			
其他评语：			

5. 项目5的综合评定（表3-7）

项目5 综合评定表　　　　　　　　　　　　　　　　　　表3-7

综合评定	完成		没有完成
	良好	有待提高	
1. 语调和清晰度			
2. 保持客气和礼貌			
3. 提问和使用浅显易懂的语言			
4. 不打断客户谈话			
5. 记录			
活动检查单			
1. 向客户解释验证结果			
2. 解释你发现的问题，并根据需要通知客户需要追加的维修工作			
3. 使用支持工具解释你要完成的工作			
4. 解释预估维修费用、工时费和零件费			
5. 确定可能的交车日期和时间			

续上表

综合评定	完成		没有完成
	良好	有待提高	
6.告诉客户,如果发现附加工作或出现任何变化,维修车间将联系客户			
7.询问客户是否还有其他问题			
8.让客户签署派工单			
其他评语:			

6. 项目6的综合评定(表3-8)

项目6综合评定表　　　　　　　　　　　　　　　　　　　表3-8

综合评定	完成		没有完成
	良好	有待提高	
1.语调和清晰度			
2.保持客气和礼貌			
3.提问和使用浅显易懂的语言			
4.不打断客户谈话			
5.记录			
活动检查单			
1.为给客户造成的不便,向客户致歉			
2.向客户解释验证结果			
3.解释你发现的和可能的故障原因			
4.使用支持工具解释你要完成的工作			
5.解释预估维修费用、工时费和零件费			
6.确定可能的交车日期和时间			
7.告诉客户,如果发现附加工作或出现任何变化,维修车间将联系客户			
8.询问客户是否还有其他问题			
9.让客户签署派工单			
其他评语:			

7. 项目7的综合评定(表3-9)

项目7综合评定表　　　　　　　　　　　　　　　　　　　表3-9

综合评定	完成		没有完成
	良好	有待提高	
1.语调和清晰度			
2.保持客气和礼貌			

续上表

综合评定	完成		没有完成
	良好	有待提高	
3.提问和使用浅显易懂的语言			
4.不打断客户谈话			
5.记录			
活动检查单			
1.做自我介绍,并且说明你来电的原因			
2.在交谈过程中使用客户的姓名			
3.询问客户是否允许继续通话			
4.确认客户没来维修车间的原因			
5.尝试重新安排,预约下一次的时间或日期,着重关注客户的要求以及客户是否方便			
6.确认客户是否需要替代交通工具			
7.重复客户预约的相关信息			
8.通知客户,如果客户需要重新预约或任何附加工作请来电			
9.向客户致谢,结束对话			
其他评语:			

8.项目8的综合评定(表3-10)

项目8综合评定表　　　　　　　　　　　　　　　　　　　表3-10

综合评定	完成		没有完成
	良好	有待提高	
1.语调和清晰度			
2.保持客气和礼貌			
3.提问和使用浅显易懂的语言			
4.不打断客户谈话			
5.记录			
活动检查单			
1.做自我介绍,并且说明你来电的原因			
2.在交谈过程中使用客户的姓名			
3.询问客户是否允许继续			
4.确认客户没来维修车间的原因			
5.尝试重新安排,预约下一次的时间或日期,着重关注客户的要求以及客户是否方便			
6.确认客户是否需要替代交通工具			

续上表

综 合 评 定	完 成		没有完成
	良好	有待提高	
7.重复客户预约的相关信息			
8.通知客户,如果客户需要重新预约或任何附加工作请来电			
9.向客户致谢,结束对话			
其他评语:			

9.学习任务3的理论知识评价

请完成表3-11中的判断题,并给出适当的说明。

学习任务3的理论知识评价　　　　　　　　　　表3-11

问　　题	正确	错误
1.出色的服务顾问不需要重复客户所说的话		
2.把目光从客户身上移开会让他觉得你不在倾听		
3.一位客户确信他的制动器出现了故障,希望你能帮他更换前制动衬块。对此,你不需要给出任何详细信息或解释		
4.当地企业的一位高级经理,经常让他的驾驶员送车维修和维护。作为服务顾问,你最好能与这位经理本人交谈并了解他的需求,以确保你能获得所有的相关信息		
5.如果客户采用早晨送车方式送车,最好通过电话详细了解所有的故障信息		
6.有风噪声问题的客户抱怨说你上次没有修好同样的故障,并且说他不想跟你交谈。此时,最好立即让另一位服务顾问来接待这位客户		
7.客户显得非常匆忙,他希望给他的汽车做50000km维护。为了节省他的时间,服务顾问最好让他立即离开,并在他离开后做书面记录		
8.当客户只给你留下家庭电话号码时,你不应问问其办公电话或手机号		
9.四项沟通技巧是什么 从下面选择四项适当的描述,并在空白框中打"×" [ ]澄清　　[ ]行动　　[ ]重述 [ ]同感　　[ ]监督　　[ ]归纳		
10.为每个空白框选择适当的词语 有必要确定是否需要进行一次试车。 当故障与[　　]相关时,例如[　　]、[　　],或者是驾驶性能问题,一定要与客户进行一次试车。应当由一位[　　]或熟练的技师进行试车 1.保修;2.振动;3.道歉;4.感觉;5.噪声;6.特殊备注;7.主管;8.客户		

学习任务 4　车辆问诊和预检

工作情境描述

在一周前,张先生注意到自己车辆的制动器有很大的摩擦噪声,听起来像金属与金属的摩擦,摩擦噪声从汽车前部的下方传来,它仅在使用制动器时出现。自从该噪声开始以后,张先生感到制动时比以前更费力。他想知道是否应该紧急检查该噪声。

知识目标

1. 掌握问诊和预检的基本流程;
2. 掌握问诊和预检的基本环节;
3. 掌握问诊和预检的系统化方法;
4. 掌握常见故障的问诊技巧。

能力目标

1. 能依据诊断单实施初步的车辆诊断和预检;
2. 能根据问诊和预检的初步结果制订维修工单;
3. 能依据问诊和预检的初步结果向客户解释维修的方案;
4. 能依据问诊和预检的初步结果开展服务营销。

素养目标

1. 热情为客户服务;
2. 实事求是,不夸大问题;
3. 团队合作。

学习时间

24 学时

任务分析

车辆在使用过程中会出现一些不太好判断的故障,客户一般比较担心此类问题,同时也希望4S店的技术人员能帮他解决问题。在实际的维修接待过程中,服务顾问遇到此类问题时一定要进行问诊和预检,通过与客户进行详细的沟通,了解车辆的信息,同时通过路试和检查确认客户车辆的故障现象,并根据初步的问诊结果给出一个让客户可以接受的维修方案。

一、知识准备

1. 问诊与预检概述

服务顾问在制订维修方案之前需要对客户的车辆进行问诊与预检,通过问诊和预检环节,服务顾问可以更好地获取客户车辆的信息,为正确制订维修方案奠定基础。

1)问诊和预检的目的

通过问诊和预检可以明确客户的需求,有针对性地制订方案、实施客户关怀,同时有针对性地实施服务营销,还可以为车间的技师提供更多、更详细的客户需求及车辆信息,以便更好地完成客户的要求。

客户的需求主要包括他本人的需求和车辆的需求(图4-1),客户一方面希望服务顾问能听他说自己内心的想法,一方面希望服务顾问能对其车辆进行详细的检查。

图4-1 客户的需求

车间技师一般情况下不直接接触客户,所以他需要通过服务顾问向客户传递更多的信息,如图4-2所示。

2)问诊和预检的工作要素

问诊和预检的要素主要包括:将要提供给客户的服务项目进行解释、诚实、履行承诺、倾听要求等。

(1)对服务项目的解释:通过问诊和预检,服务顾问要向客户详细地解释相关的服务项目,这样可以消除客户的疑虑和担心。

图4-2 车间技师、服务顾问与客户之间的交流

(2)诚实:在问诊和预检环节,服务顾问要诚实,不要向客户隐瞒或夸大事实。

(3)履行承诺:服务顾问要积极履行在问诊和预检环节给客户的承诺,通过诚信赢得客户的信赖。

(4)倾听要求:在问诊和预检环节,服务顾问要积极倾听客户的要求,同时确认客户的要求。

3)问诊和预检环节服务顾问的附加价值

附加价值是一个值得探讨的话题,它就如同"功劳"与"苦劳"的关系。服务顾问将工作按照要求如期完成后,老板会支付适当的薪水给你,这是为了表示对你辛勤劳动的补偿,但这并非是造就你获取薪水和升职的关键。值得注意的是,除了你应做的工作外,你是否能创造出工作之外的附加价值:第一次就将工作做好;能控制问题;说"是的,我们能做好",并有积极主动的态度;按客户的要求去做,但要做得更好,即超出客户期望;不要轻易丢掉一位客户;我们回答一位客户的询问、解决一位客户的问题,都会使客户以不同的角度认识我们;不要只是被动地应付问题,要预期问题的发生;做好每一件事情,就需要一定的程序,而此程序就是你过去经验的累积。通过这些附加价值,服务顾问的职业价值才能更好地得以体现。

4)问诊和预检需要的知识

在该环节,服务顾问要掌握基本的汽车知识、汽车基本部件的名称和操作方法、新车特性和工作原理、主要附件和基本功能操作、保修政策及各项步骤的知识。熟练掌握这些知识对于问诊和预检是至关重要的。

2. 问诊和预检的基本环节

假设你接待了一名座驾为×××的车主。据他讲,该车的机油警告灯经常点亮(图4-3),他习惯的处理方法是立即熄火并补充机油。里程表显示,该车已行驶53000km,日常维护较好。除了一些日常行驶造成的常见轻微潮湿外,发动机和底盘无明显油液渗漏。据车主称,该车在加速时会喷出蓝色的废气。

请你推断有什么原因可以造成以上后果,并通过问诊和预检制订一份完整而详细的解决建议方案,并对其进行全面而细致的说明。

针对以上的案例,服务顾问首先要快速对客户进行分析,了解客户的类型、对车的了解、驾驶习惯、消费水平等,这样服务顾问才能有针对性地进行方案制订。

例如,客户对车辆状况比较在意、比较熟悉,有一定的机械常识和驾驶技巧,对车辆的日常维护良好,因而具备良好的消费潜力。针对这样的情况,服务顾问应该采取下面的步骤:

图4-3 机油灯亮

1)拉近客户关系,收集更有用的信息,便于深入沟通

(1)首先分析客户的驾驶习惯。比如,客户是否进行车辆预热、车辆的极限驾驶条件、车辆的日常检查、驾驶员在车辆高速行驶时的驾驶习惯、车辆日常的驾驶员是否确定等。在现实情况中,往往是由于客户的原因造成了对品牌的误解,所以获取故障的背景信息对准确制订方案和保证客户满意是很关键的。

(2)对客户车辆的使用条件进行分析。比如,车辆使用时的路况、车辆用途、日常负荷状况、经常在哪里维护、使用何种零件和机油。询问和分析这些车辆的状况对准确找出故障原因是很有帮助的,服务顾问要在问诊和预检环节积极实施分析工作。

2)展示服务顾问的专业知识和技能,建立客户信心、准确找到故障方向同时提出营销方案

(1)故障预检。对车辆首先进行机油泄漏检查(外部),确认现在的机油液位(图4-4)、机油品质、

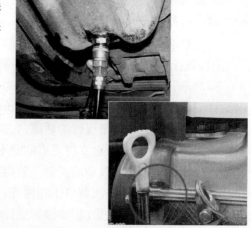

图4-4 机油检查

机油压力。在技师协助下测量汽缸压缩压力及漏气率、测量废气排放、检查汽缸内积炭与燃烧状况、检查曲轴箱强制通风系统状况。

(2)预检结论和深度检查的建议。根据检查结果可以提出以下三个层面的建议。

①重要维修建议:发动机进行大修以恢复性能,并更换三元催化转换器。

②一般维修建议:保守修复发动机配合间隙和密封状况(添加剂),清洗被机油污染和造成积炭的相关系统,更换三元催化转换器。

③潜在维修建议:使用高品质的机油和性能良好的点火系统。

3)随时关注客户的动态和心理行为暗示,抓住机会

(1)营销沟通。将车辆预检的准确结果如实告知客户,为客户提供不同维修方案,阐明不同维修方案的性价比与社会作用,根据客户的消费倾向选择推荐对客户最有利的维修方案。

(2)营销促进。重点针对某套维修方案向客户进行解释说明,特别是费用关系与利益关系,这套方案与其他方案相比的可执行性、操作的益处在哪里?此处可以采用FBI话术:

①F(Feature)特性、功能:我们这套方案是由专业技师制订的,符合主机厂的工作要求,对您的车辆很适合。

②B(Benefit)利益:这样的方案可以保证修复好您的车辆,恢复车辆的性能。

③I(Impact)个人切身利益:使用这个方案,您的车辆可以很快修好,您就可以放心地驾驶了。

(3)客户表态应对。如果客户对服务顾问的描述进行了应对,服务顾问必须及时对客户选择作出关注的回应和表示赞赏。

(4)客户接受营销。如果客户接受了服务顾问的营销,此时服务顾问要及时地进行准确报价、报时,并导入深度预检,同时给予客户惊喜服务。报价时可采用汉堡式报价方法进行。在客户接受报价后,服务顾问应努力保证最终价格和最终完工时间都要有利于客人,如有变化要第一时间通知并征得客户同意和认可。

(5)关怀和跟进服务。解决客户问题后,服务顾问应主动向客人介绍适合他的驾驶技巧和注意事项,并赞赏客户的驾驶技术。在适当时机推进潜在的维修建议和把握其他商机。

(6)客户选择再考虑。如果客户选择再考虑时,服务顾问要努力帮助客户组合更优惠的方案,并与客户沟通,在保证完好技术条件下建议客户保守维修,保证车辆正常使用和正常环保排放、正常的燃油经济性。

(7)客户选择继续使用。如果客户选择继续使用,服务顾问则应采取关怀跟进,定期跟踪并告知客户对机油量的检查时刻和技巧,避免客户更大损失,同时告知客户处理危机的正确方式。

3.服务顾问问诊和预检的系统化方法(诊断步骤)

服务顾问在问诊和预检时可以采用系统化的方法,这样可以更好地让客户接受企业制订的方案。系统化的问诊和预检方法主要包括登记、核实、排除、修理、检查、工作说明等环节(图4-5)。

按照从症状处获得的信息来确定故障原因。因为是客户车辆遇到的故障,所以该步骤以客户开始,也以客户结束。在此过程中,企业可通过试驾和使用诊断工具来解决复现问题的难题。解决问题的最快

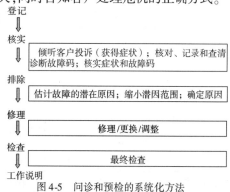

图4-5 问诊和预检的系统化方法

方法就是采用系统性的诊断步骤,这样可无须使用任何不必要的零件。

1)核实(接到客户投诉、路试、为客户提供建议)

(1)接到客户投诉。

①与客户讨论故障。由于个人认识存在差异,不同客户对相同故障的解释和描述也不尽相同。所以,服务顾问需要了解客户投诉的是什么问题。询问客户发生故障时的行驶状况,还要询问车辆的维修历史。这些信息能够对检查车辆提供帮助。在与客户讨论故障时使用诊断工作单(表4-1),以获取发生故障/症状时,车辆的有关工作情况和环境条件等详细信息。同时,服务顾问需要注意以下关键点。

诊 断 工 作 单   表4-1

客户姓名		Mr./Ms.	车型和年款	VIN	
发动机编号			变速器	里程	
故障日期			制造日期	已使用日期	
燃油和燃油加油口盖			□ 车辆燃油用光导致不点火 □ 燃油加油口盖没盖或没有正确拧入		
症状		□ 起动能力	□ 不能起动 □ 没有燃油 □ 部分燃烧 □ 部分燃烧受节气门位置影响 □ 部分燃烧不受节气门位置影响 □ 可以起动但起动困难 □ 其他[ ]		
		□ 怠速	□ 无快怠速 □ 不稳 □ 高怠速 □ 低怠速 □ 其他 [ ]		
		□ 动力性	□ 抖动 □ 喘振 □ 爆震 □ 动力不足 □ 进气回火 □ 排气回火 □ 其他 [ ]		
		□ 发动机失速	□ 起动时 □ 怠速时 □ 加速时 □ 减速时 □ 刚停车后 □ 加载时		
故障发生时间			□ 刚交车后 □ 最近 □ 上午 □ 晚上 □ 白天		
频次			□ 总是 □ 在一定工况下 □ 有时		
天气情况			□ 不受影响		
天气			□ 好 □ 下雨 □ 下雪 □ 其他[ ]		
温度			□ 热 □ 暖 □ 冷 □ 冷 □ 湿 ℃(℉)		
发动机状况			□ 冷 □ 暖机过程中 □ 暖机后 发动机转速 0 2000 4000 6000 8000 r/min		
道路条件			□ 市区 □ 郊区 □ 高速路 □ 越野(上坡/下坡)		

续上表

行驶状况	☐ 不受影响 ☐ 起动时　　☐ 怠速时　　☐ 高速空转时 ☐ 加速时　　　　☐ 加速时 ☐ 减速时　　　　☐ 转弯时(左/右) 车速　　　　0　10　20　30　40　50　60 km/h
故障指示灯	☐ 亮起　　☐ 不亮

a. 什么：车型、发动机、变速器。

b. 何时：日期、具体时间、天气状况、发生频率。

c. 何地：路面条件、海拔高度和交通状况。

d. 如何：系统症状、工作条件。

e. 其他：维修历史、售后配件。

服务顾问可根据以上关键点与客户交谈，例如，该故障出现在什么时候(早上、中午或晚上等)？出现了多久？出现故障时的现象怎样？在什么路面情况下出现(烂路、泥路、水泥路面或沥青路面等)？在什么天气或温度下出现(下雨、雪、炎热或寒冷等)？何人驾驶(驾驶习惯)？何种工况(起动、怠速、加速或减速、巡航等)？如果属于周期性故障，服务顾问还要询问车主以往是否在其他地方修过车以及修过什么部位等。要注意，针对不同的故障，询问时使用的参考资料不尽相同。

②通过故障码判断故障。确认故障之前，通过诊断仪器(图4-6)检查并记录诊断故障码，然后清除代码。在复现故障时可以使用该故障码。研究故障码确定的原因和客户所述症状之间的关系。同时也应查阅相关的维修资料，以获得更多的信息。

③与客户核实故障现象。如果检查时的环境条件和客户当时出现故障时的环境条件有差异(例如，当时出现故障时为空调开启状态，但你检查时空调关闭)，则有时候故障不会出现。所以，如果故障没有复现，在路试中，试车员应认真检查故障，不要不重视客户投诉。如果你在修理之前与客户一起检查症状，以后就会比较容易使客户相信故障已经解决。

图4-6　诊断仪器

问清楚故障现象后，服务顾问要根据故障情况进行核实，必要时邀请车间主管或试车员进行路试确认，核实工作有时是非常重要的，因为客户本人并不是专业人士，他们对汽车本身的认识处于很粗浅的阶段，有时很难说清楚是哪个系统出了故障，或者该故障对某种车型来说并不一定是故障，如果照搬车主的叙述直接制订工作单而不进行核实，就有可能使下一步的维修工作陷入误区。问诊有以下技巧。

一般来说，对故障的感觉取决于每位客户。因此，完全了解客户投诉的症状和其当时所处的工况是非常重要的。

a. 充分利用诊断工作单,以便利用所有的投诉信息进行故障排除。

b. 投诉问题分为两类,能随时检查到的可再现故障和只在特定条件下发生的不可再现故障。

c. 在询问客户故障时,提问的技巧以及客户的回答共同决定诊断的质量和效率。

(2)路试。如果服务顾问无法根据客户的描述确定故障,则应该进行路试以再现当时的故障情况。

在进行路试时,路试员应按照当时发生故障的特定工况(在工作单中描述)操作车辆。如果故障无法再现,通过事故模拟测试,检查线束等是否存在接触不良。在诊断发动机时,应该使用实时诊断系统(如果有)。在检测到异常工况时,使用这种系统会使诊断更容易。

大部分车主并不是专业人士,而作为专业的接车人员要将车主的口头描述转化为专业文字并制订好维修作业单,以便车间的维修人员进行专业化维修作业,这就是为了防止因为文字问题而出现误诊或错诊问题。这就要求接车人员具有较系统的汽车维修理论知识。

(3)为客户提供建议。在客户投诉中,有些案例中的客户要求极高的性能水平。在这种情况下,进行修理并不能解决问题,并会给客户带来不便。这时,服务顾问应将情况给客户解释清楚,给客户一些如何操控车辆的建议是解决问题的较好办法。

2)排除

(1)估计故障原因。根据工作单上的信息,在维修时,维修人员应考虑各种可能性,估计可能的故障原因并解释给客户。

故障原因可以分为以下五类:偶然发生的单一故障、由其他故障引起的故障、由于超过使用寿命而发生的故障、由于操作不当发生的故障、由于维护不当发生的故障。

(2)缩小范围。排列每个系统中的可疑零件和装置,然后按照获得的症状和信息缩小故障范围。排除那些工作正常的装置和部件。症状矩阵表(图4-7)对缩小可疑部件范围非常有用。

(3)确定故障原因。此时通过实际检查系统,以确定故障原因。检查特定系统部件,确定问题零件是否是导致故障的原因。

3)修理

根据确定的故障原因进行修理、更换或调整问题零件(图4-8)。

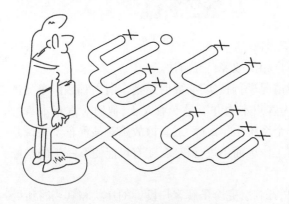

图4-7　症状矩阵表

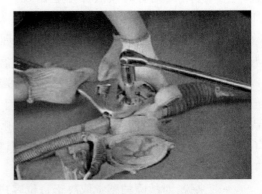

图4-8　转向器的紧固

4) 检查

在进行基本检查后,让系统或总成在导致客户投诉的原有工况和环境条件下运转,确认故障是否被排除。如果故障仍然存在,或者发现了更多故障,应将系统恢复到原来的故障状态,从头开始再次重复诊断步骤。否则,故障的实际原因就变得不清楚,或者可能出现新的故障。

5) 工作说明

再次检查修理工作并向客户解释。在完成修理后把车交给客户时,服务顾问要说明故障原因及其修理措施,并建议客户采取正确方式操作车辆。如果你能给客户演示故障已经排除,客户会非常满意(图4-9)。

4. 问诊和预检时,服务顾问常犯的错误

在问诊和预检时,服务顾问常常会犯以下的错误,给客户造成麻烦。

图4-9　工作说明

1) 不认真倾听客户的投诉内容

客户报修水温表不准,服务顾问根据经验告知客户一般是传感器或线路问题,开具工单并进行维修,车间检查后结果正常。交车后不久,该客户气愤地来店反映故障依旧,经现场检查发现,客户报修的原来是汽油表不准。

2) 判断不准、轻易下结论

客户报修汽油表不准,服务顾问根据经验告知客户一般是油表浮子问题,因车在索赔期,承诺免费为客户更换浮子。当车间检查时,发现该车加入的汽油品质极差,只更换浮子不能解决问题,同时此种故障非车辆质量造成,不能索赔。再向客户收费时,引起客户极大不满。

3) 问题没找准前轻易承诺客户

客户报修车辆行驶于不平路面时前部异响,经技术专家试车确定响声在前翼子板内部,由于车辆在保修期内,于是进行索赔维修,当打开翼子板才发现该车做过钣金维修,且是上次施工质量问题造成此次异响。经与客户核实,上次施工是在其他小修理厂进行,此次检查工作不在索赔范围内,由于未提前和客户说明,也无法向客户收取相应费用。

4) 没有尽到告知义务

一家4S店在为客户进行维护时发现其轮胎已经到了磨损极限,并向客户提出了需要更换的要求,但是客户以需要请示领导为名,当时没有更换。过了一个月,该客户在高速路上行驶时,因速度过快,导致轮胎爆裂,造成严重事故。之后,客户以该4S店未按照维护要求检查轮胎并告知他为名要求赔偿。经过调查,服务顾问未在委托书上进行注明,因此,没有证据表明4S店进行了检查并尽到告知义务。最后,4S店对客户进行了部分赔偿。

5. 常见故障的问诊和预检诊断单

问诊和预检最好的工具就是诊断单,通过诊断单的详细指标可以快速地发现问题,下面是一些企业常用的诊断单。

1) 发动机噪声诊断单

发动机噪声诊断单见表4-2。

发动机噪声诊断单　　　　　　　　　　　　　　　　　　　　　　　表 4-2

日期：_____

客户姓名：_____　　　车型和年款：_____
VIN：_____　　　　　里程：_____
发动机号：_____　　　变速器：_____　　☐ 日产原装空调
里程：_____ km(mile)　　　　　　　　　　　　　　☐ 非原装空调
变速器：　　☐ 手动　　☐ 自动　　☐ CVT　　　　　　　　　　　☐ 无

1. 客户投诉 _____
   _____

2. 发生时间
   ☐ 起动发动机　　　☐ 正常行驶　　　☐ 车辆起动
   ☐ 急速　　　　　　☐ 低速爬行　　　☐ 转向不动
   ☐ 空转　　　　　　☐ 高速巡航　　　☐ 一直上坡行驶
   ☐ 加速　　　　　　☐ 其他
   ☐ 下坡行驶　　　　☐ 减速
   　　　　车速：_____ km/h(MPH)
   　　　　发动机转速：_____ r/min
   　　　　挡位：　1-2-3-4-5-6-R/P-R-N-D-2-1
   　　　　节气门开度　　☐ 关闭　　☐ 部分打开(1/4、2/4、3/4)　　☐ 全开

3. 负荷状况
   ☐ 空载
   ☐ 带负载　⟹　☐ 电器负载打开
   　　　　　　　　☐ 空调打开
   　　　　　　　　☐ 动力转向开关打开

4. 发动机温度
   ☐ 冷发动机　　☐ 在暖机过程中　　☐ 暖机后　　☐ 重新热起动

5. 环境温度 _____ ℃

6. 噪声源
   ☐ 发动机前部
   ☐ 发动机侧面(☐ 右侧　☐ 左侧)
   ☐ 发动机机后部
   ☐ 缸盖
   ☐ 油底壳

7. 发生的频繁程度如何
   ☐ 一直
   ☐ 有时
   ☐ 极少
   ☐ 问题刚刚出现
   ☐ 自新车起就有

检查人员：_____　　　修理人员：_____　　　日期：_____

2）驾驶性能诊断单

车辆驾驶性能诊断单见表4-3。

车辆驾驶性能诊断单 表4-3

客户姓名：		车型和年款：		VIN：	
发动机号：		变速器类型：	MTM/ATM/CVT	里程	km(mile)
事故日期：		购买日期：		日期	
燃油和燃油加油口盖		□ 打开　　□ 未打开			
症状	□ 稳定性	□ 无法起动　　□ 不燃烧　　□ 部分燃烧 □ 部分燃烧受节气门位置影响 □ 部分燃烧不受节气门位置影响 □ 能够起动但起动困难　　□ 其他[　　　　　]			
	□ 怠速	□ 怠速粗暴　　□ 怠速不稳　　□ 游车　　□ 怠速高 □ 怠速低　　□ 其他[　　　　　]			
	□ 动力性能	□ 迟滞　　□ 摇摆　　□ 颠簸　　□ 振动 □ 动力损失　　□ 回火　　□ 后燃/后点火 □ 换挡冲击　　□ 选挡冲击　　□ 向一侧拉动 □ 油耗高　　□ 其他[　　　　　]			
	□ 发动机失速	□ 起动时　　□ 怠速运转时　　□ 加速时 □ 减速时　　□ 刚刚停止后　　□ 荷载下			
事件发生状况		□ 刚刚交车后　　□ 最近 □ 上午　　□ 晚上　　□ 白天			
频率		□ 任何时间　　□ 特定状况下　　□ 有时			
天气状况		□ 不影响			
天气		□ 晴朗　　□ 雨天　　□ 雪天　　□ 其他[　　　　　]			
温度		□ 炎热　　□ 暖和　　□ 凉爽　　□ 寒冷　　□ 潮湿 ℃(℉)			
高度		□ 不影响　　□ 高(　　　　)m/(ft)			
燃油特性		□ 辛烷值(　　)　□ RVP(　　)　□ T50(　　) □ 其他[　　　　　]			
发动机状况		□ 冷机时　　□ 暖机过程中　　□ 暖机后 发动机转速 0　2000　4000　6000　8000 r/min			
加速踏板位置		□ 不影响　　□ 特定挡位　　0　1/4　2/4　3/4　4/4			
路况		□ 市区　　□ 郊区　　□ 高速公路　　□ 越野地形(上坡/下坡) □ 铺装　　□ 未铺装　　□ 坑洼　　□ 其他(　　　　　)			

续上表

行驶条件	☐ 不影响　　☐ 起动时　　☐ 急速运转时　　☐ 赛车时 ☐ 加速时　　☐ 巡航时　　☐ 转变时（左/右） 车速 ├──────┼──────┼──────┼──────┼──────┼──────┤ 　　　0　　　20　　　40　　　60　　　80　　　100　　120 km/h
故障指示灯	☐ 打开　　☐ 未打开
注意：	
检查员：	修理人员：　　　　　　　　　　日期：

3）车辆噪声诊断单

车辆噪声诊断单见表4-4。

车辆噪声诊断单　　　　　　　　　　　　　表4-4

1. 简要说明出现噪声的位置 ＿＿ ＿＿ ＿＿ ＿＿
2. 它什么时候出现（在适当选项前的框中打钩） 　　☐ 任何时间　　　　　　　　　　☐ 在阳光直射下停放后 　　☐ 在早晨第一次出现　　　　　　☐ 在雨时或天气潮湿时 　　☐ 仅在室外天气寒冷时出现　　　☐ 干燥或多云天气 　　☐ 仅在室外天气炎热时出现　　　☐ 其他：＿＿＿＿＿＿＿＿＿＿＿＿

3. 驾驶时 　☐ 通过私人车道时 　☐ 驶过崎岖不平的路面时 　☐ 驶过减速带时 　☐ 仅在车速大约为＿＿＿＿＿km/h 　☐ 加速时 　☐ 停车时 　☐ 转弯时：左转弯、右转弯或左右转弯时都出现（圆周） 　☐ 携带乘客或货物时 　☐ 其他：＿＿＿＿＿＿＿＿ 　☐ 以＿＿＿＿km/h的车速驾驶或＿＿＿＿min后	4. 噪声属于哪种类型 　☐ 尖叫噪声（像球鞋摩擦＿＿＿＿的声音） 　☐ 咯吱声（像在＿＿＿＿＿上走动的声音） 　☐ 短促嘎嘎声（像摇动＿＿＿＿＿的声音） 　☐ 敲击声（像敲＿＿＿＿＿的声音） 　☐ 滴答声（像时钟＿＿＿＿＿） 　☐ 重击声（很重的＿＿＿＿＿） 　☐ 嗡嗡声（像大黄蜂＿＿＿＿＿）

续上表

		是	否	执行人员姓名首字母

5. 由经销商员工完成
   试车备注
   _____
   _____

   ① 与客户一起试车　　　　　　　　　　□　□　_____
   ② 试车时核实噪声　　　　　　　　　　□　□　_____
   ③ 定位噪声来源并修理　　　　　　　　□　□　_____
   ④ 对试车进行回访，以确认修理　　　　□　□　_____

   VIN：_____　客户姓名：_____
   派工单号：_____　日期：_____

   此表必须附在派工单中

4）车辆噪声和振动诊断单

车辆噪声和振动诊断单见表4-5。

车辆噪声和振动诊断单　　　　　　　　　　　表4-5

诊断工作单——噪声和振动　　　　　　　　日期：_____
　　　　　　　　　　　　　　　　　　　客户姓名：_____
　　　　　　　　　　　　　　　　　　　车辆型号：_____

噪声和振动的确认
条件：

天气：　□ 仅在热天　　　　　℃　　□ 仅在凉爽/寒冷天气　　　　℃
　　　　□ 仅在潮湿天气/雨天　　　　□ 其他

行驶：　挡位[　　]　发动机转速[　　r/min]　车速[　　km/h]

路况：　□ 市区　　□ 郊区　　□ 高速公路　　□ 越野地形（上坡/下坡）
　　　　□ 铺装　　□ 未铺装　　□ 坑洼　　□ 其他（　　　　）

负荷：

1. 分类　□ 噪声　　□ 振动

2. 发生位置

3. 发生时间

4. 维修历史　□ 轮胎和车轮更换　□ 转向盘更换　□ 其他

5. 测试结果　　正常/异常　　之前　　之后
　　　　　　　噪声水平：　　dB　　dB
　　　　　　　峰值频率：　　Hz　　Hz

续上表

6. 修理

| 车顶 |
| 右前 |
| 底盘下 |
| 右后 |
| 发动机舱 |
| 驾驶室 |
| 行李舱 |
| 左前 |
| 左后 |

[ ] 尖叫噪声和短促嘎嘎声
[ ] 风噪声
[ ] 沉闷的噪声
[ ] 嗡嗡的旋转噪声
[ ] 离合器片噪声
[ ] 离合器振动
[ ] 变速器齿轮噪声
[ ] 自动变速器噪声
[ ] 主减速器噪声
[ ] 悬架噪声
[ ] 制动器振动
[ ] 转向噪声
[ ] 转向摆动
[ ] 汽车摇摆
[ ] 轰隆隆的噪声
[ ] 敲击噪声
[ ] 驾乘舒适性
[ ] 轮胎花纹噪声（路面噪声）
[ ] 制动器尖叫

检查员：_____ 修理人员：_____

5) 空调系统故障诊断单

空调系统故障诊断单见表4-6、表4-7。

诊断工作单——空调（1）　　　　　　表4-6

客户姓名：	车型/年度：	日期：
VIN：	里程：	注册号：
事故日期：	购买日期：	

客户说的问题和症状（只要适用，都要检查）

鼓风机电动机
[ ]正常　　　　[ ]根本不工作　　　　　　[ ]只在规定的风扇转速工作
模式控制　　　　　　　　　　　　　　　　　什么速度：_____
[ ]正常　　　　[ ]根本不变化　　　　　　[ ]变化，但出口漏气
　　　　　　　　　　　　　　　　　　　　　自_____出口在_____模式

[ ]加热器性能不良（描述）：_____
[ ]除霜器/除雾器性能不良（描述）：_____
[ ]空调性能不良：_____
[ ]其他：_____

什么时候症状出现？（只要适用主要工况，都要检查）

续上表

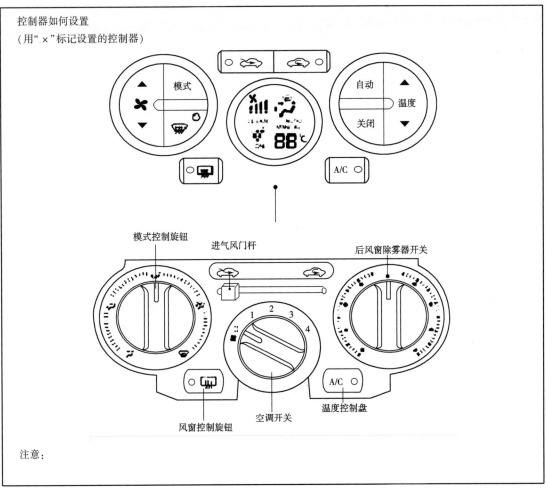

控制器如何设置（用"×"标记设置的控制器）

注意：

诊断工作单——空调（2）　　表4-7

发动机温度为

[ ]冷　　　　　　　　[ ]预热
[ ]正常　　　　　　　[ ]热
[ ]一直　　　　　　　[ ]其他

天气条件

[ ]仅在热天（　　　℃）　　　　[ ]仅在凉爽或冷天（　　　℃）
[ ]仅在潮湿或雨天时　　　　　　[ ]其他：_____

驾驶条件

[ ]在发动机起动时　　　[ ]急速（以发动机运行开始）
[ ]仅在特定的车速下 _____ km/h
[ ]仅在特定的发动机转速下 _____ r/min
[ ]市区行驶/短途行驶

续上表

[ ]长途高速行驶
[ ]在高速行驶后
[ ]在堵车时
症状多久出现一次
[ ]总是 　　　　　　　　[ ]有时
[ ]很少 　　　　　　　　[ ]自车辆新时开始
[ ]仅最近
症状可以再现吗
[ ]是 　　　　　　　　　[ ]否
注意:
检查员: 　　　　　　修理人员: 　　　　　　日期:

6）自动变速器故障诊断单

自动变速器的故障诊断单见表4-8。

诊断工作单——自动变速器　　　　　　　　　　　　表4-8

客户姓名:	车型/年度:	日期:
VIN:	里程:	注册号:
事故日期:	购买日期:	

客户说的问题和症状（只要适用,都要检查）

车辆不能正常换挡　　　　　　　　　　　　超速挡不工作
[ ]换挡过程中强烈振动　　　　　　　　　　[ ]不能换入超速挡（OD）
[ ]打滑,发动机转速升高　　　　　　　　　[ ]频繁挂入移出超速挡
[ ]完全无法换挡　　　　　　　　　　　　　[ ]速度控制开启时不工作但其他情况下正常
[ ]发动机在"P"或"N"之外的挡位起动　　　[ ]其他:＿＿＿＿＿＿＿
[ ]异常噪声（请描述）
（例如,在哪里？短促嘎嘎声、咆哮声、沉闷金属声等）:＿＿＿＿＿＿＿

什么时候症状出现（只要适用主要工况,都要检查）

选挡杆在以下位置时　　　　　　　　　　　发动机温度为
[ ]P　　　[ ]R　　　[ ]N　　　　　　　　[ ]冷　　　　[ ]预热
[ ]D　　　[ ]1　　　[ ]2　　　　　　　　[ ]正常　　　[ ]热
[ ]3　　　[ ]4　　　　　　　　　　　　　[ ]一直　　　[ ]其他

挡位之间
[ ]1挡和2挡　　[ ]2挡和3挡　　[ ]3挡和超速挡　　[ ]3挡和4挡　　[ ]4挡和超速挡

续上表

超速挡开关在以下位置时 [ ] 开启　　[ ] 关闭　　[ ] 均存在 驾驶条件 加速： [ ] 剧烈　　[ ] 平均　　[ ] 轻 [ ] 减速 [ ] 稳定巡航	天气条件 [ ] 仅在热天(　　　　　　　℃) [ ] 仅在凉爽天气和冷天(　　　　℃) [ ] 仅在潮湿天气或雨天 [ ] 其他：_____ 在任何特定车速范围_____km/h 在任何特定发动机转速_____r/min
症状多久出现一次 [ ] 总是　　[ ] 有时　　[ ] 很少 [ ] 自动车辆新时开始 [ ] 仅最近	症状可以再现吗 [ ] 是　　　　[ ] 否
注意：	
检查员：　　　　　　修理人员：　　　　　　日期：	

6. 汽车常见故障问诊举例

1）电子节气门造成的怠速及加速问题的问诊和预检

某日，服务顾问接到客户电话说他的车加完油后不能行驶，并且怠速不稳。救援人员到达现场后初步检查发现，此车怠速不良，故障灯点亮，在 P 挡位置时，踩加速踏板发动机转速无变化，于是把车拖回公司。

分析：首先对该车用三代检测仪进行检测（图4-10），结果发现故障车辆有很多故障码，并且清除不掉。故障码如下：P0223、P2135、P2122、P2127、P2109。通过对故障码及数据流的分析，故障点应该在节流阀及其线路，或发动机 ECU 这三者之中某一点上，所以要对其逐一排查。

在排查过程中，与车主进行沟通，对以上提到的部件进行检查。

(1) 首先检查节气门体，经过与新的节气门体比较测量，没有发现问题。

(2) 根据维修手册对发动机 ECU 及其线路进行检测，线路正常，并且发动机 ECU 输出电压、信号及搭铁都正常，没有发现故障点。这时维修陷入僵局，只好重新整理思路。

经过技术组讨论，认为维修人员的分析没有错误，而维修陷入僵局的原因可能是在检测过程中，维修人员漏掉了某一步或是检测错误，于是重新检查。

首先采用替换法，更换了一个新的节气门体，试车时故障依旧，说明节气门体正常。根据维修手册对发动机 ECU 输出进行检测，检测 ECU137 上插脚 D2、D3、D4、D5、D31、D24、D25 数据（图4-11）。

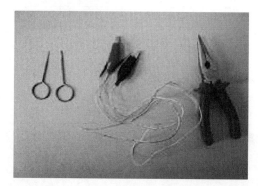

图4-10　工具准备

经数据检查,说明发动机 ECU 正常,在节气门体侧检测也如上所述,说明线路也是正常的。根据数据流分析,当踩下加速踏板时,节气门电动机无动作,线路从发动机 ECU 到节气门体是完好的,计算机信号正常,节气门体也是正常的,故障点又在 ECU 与节气门体之间,只能说明节气门插接器接触不良,又根据故障码分析,同时出现这么多故障码只能是公用电路故障,所以对节气门体连接插头进行维修。

针脚	点火开关OFF	点火开关ON
D2、D3	0V	0V
D4、D5	0V	12V
D31	0V	0V
D24	0V	0.32V
D25	0V	5V

图4-11　检查数据流

用工具小心地分解插头、插脚,发现插脚变形(图4-12),拆下旧的插针,把新的插针换上,焊接好后安装插头装车,试车时车辆恢复正常,故障排除。

图4-12　节气门插接器

总结与反思：通过对该车的检查判断，使我们意识到，要判断和维修汽车的故障需要掌握其原理，认真分析，并且要总结经验，不仅要知其然更要知其所以然。

思考：为什么不直接检查连线插头？

2）低速行驶时，发动机故障灯亮的问诊和预检（炭罐电磁阀）

某车主买到车以后行驶了 200km 发现发动机故障灯就亮了，在当地维修站检查发现有一故障码显示 P0171，经过当地维修站多次维修，并更换了许多零件（更换前后氧传感器、三元催化器、空气流量计、燃油泵、喷油嘴、发动机电脑、清洗油路、更换汽油等）都未解决问题，汽车行驶几百千米或者几天以后发动机故障灯还是点亮并显示同样的代码 P0171。当地维修站也没办法了，客户也很着急。

首先看数据流，从下面的数据分析发现有两处不正常（图 4-13）：一是 A/F 记忆值偏大，二是吸入空气流量值偏小，以上两点分析说明混合气过稀，有气体未经过空气流量计而进入燃烧室（不用怀疑是空气流量计的毛病，因为之前换过），并可能有漏气的地方。

项目	值	单位	最大值	最小值	均值
☑ 冷冻液温度	77	℃	77	73	75
☑ A/F 校正 1	0.8	%	29.7	-5.5	3.9
☑ A/F 记忆 1	29.7	%	29.7	-100.0	15.6
☑ 吸入管绝对气压	94	kPa	101	12	36
☑ 发动机转速	672	rpm	4298	25	762
☑ 车速	0	km/h	0	0	0
☑ 点火定时	15.0	deg	41.0	-64.0	13.5
☑ 吸入空气温度	28	℃	30	25	27
☑ 吸入空气流量	1.84	g/s	218.45	0.00	5.82
☑ 节流阀开角	1.6	%	100.0	1.6	2.4
☑ 后置 O2 传感器	0.065	V	0.845	0.005	0.215
☑ 气流传感器电压	0.96	V	3.52	0.44	1.06
☑ 燃油喷射脉冲 1	2.30	ms	10.24	1.54	2.30
☑ 大气压	94	kPa	101	94	94
☑ 吸入管相对气压	-60	kPa	7	-84	-58
☑ CPC 阀门能率比	0	%	0	0	0

图 4-13　发动机工作数据流

用钳子在炭罐电磁阀软管上面捏一下（图 4-14），发现发动机转数一下提升了许多，紧接着从数据流发现 A/F 记忆值一下降了下来，A/F 校正及 A/F 记忆还有吸入空气流量都变正常了。

图 4-14　对炭罐电磁阀软管的操作

通过以上的数据分析说明电磁阀上面的两个管路相通了，有空气进入了进气歧管。怠速时，电磁阀上面的两根管应该是不通的，因此说明故障出在炭罐电磁阀上。把电磁阀拆下来以后,用嘴吹了一下,发现这两根管是通的,因此对其进行更换,并用量表量了一下两个电磁阀的阻值,发现结果相差不多,线路也正常。最后把新电磁阀装上以后,经测量发现数据全部正常。

通过对原车的电磁阀分析发现,原车的电磁阀里面比正常电磁阀少一个小弹簧,这个小弹簧是用来顶住阀门的,如果没有的话,阀门关不严,炭罐里面的气体通过电磁阀都进入了汽缸,造成混合气过稀,导致故障灯点亮。

反思:在查找故障的时候一定要找到故障点,如果找不到故障点,即使修好了,有可能问题还会出现并造成二次维修或者返修。另外,维修思路一定要清晰,只有思路清晰明确才能更容易地找出问题所在,当然,思路的清晰明确在于平常工作中的经验和对数据含义的充分理解。

3) 车辆高速行驶时,水温高的问诊和预检

某日,车主来站反映车辆行驶到 160km/h 以上时,水温增高,达到 110℃ 左右,将车辆停靠在路边后,水温指示表指针到达顶部,车辆无法继续行驶,这种现象多次发生。这种现象在购买新车 4 个月后第一次出现,该车主要在市内使用,很少用于长途,但每次长途行驶都会发生这种情况。多次检查发现,防冻液从溢流口溢出进入冷却液储液罐,造成水箱内缺少冷却液。将冷却液补充到正常液位后,在市内行驶没有问题,长途高速行驶时还会出现高温。

首先经路试进行现象确认,然后进行常规检查,经过对风扇、液位、节温器、管路、缸压(是否泄漏)的检查发现以上部位均正常;点火、喷油、水温传感器、水泵、皮带也均正常。至此,外围检查已结束。经过与客户沟通后,拆下进气歧管发现缸垫有问题,由于缸垫问题涉及发动机解体大修,所以服务顾问与客户进行了详细说明,客户同意进行发动机解体。

经过解体发现缸盖定位销变形导致缸垫错位(图 4-15),造成水道面积减小,流动不畅。更换后问题解决。

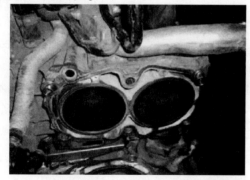

图 4-15　缸盖定位销变形

4) 车辆加速不良的问诊和预检

某客户投诉其车(已行驶 80000km)行驶过程中故障灯点亮,有轻微加速不良等现象,车辆故障越来越严重。

询问车主得知:在行驶过程中故障灯点亮,而且不久前,车主在其车辆所在地经过正时齿带更换、喷油嘴、节气门清洗、火花塞更换等维护。在这之后,车辆便有轻微加速不良等现象,车主找到为其做维护的地方,经过多次检修没有找到故障点,车辆故障越来越严重。据车主阐述,点火线圈已经替换过,故障依旧。

首先进行故障码及数据流读取,同时进行高级汽缸监视模拟采样,结果显示 4 缸间歇性缺火,数据显示 4 缸监视器有数据显示,读取故障码检测到 4 缸缺火。

根据故障诊断程序检测故障:

(1) 检测 ECU 输出信号电压,结果显示故障汽缸与地之间电压在点火开关 ON 时,均在 10V 以上。

(2) 检测 ECU 与地之间故障汽缸线束之间电阻均为 1MΩ 以上,没有短路。

(3) 测量 ECU 与燃油喷射器接头之间线束电阻为 1Ω,并对其接触不良现象进行确认。

(4) 故障汽缸喷油器与地之间电压为蓄电池电压。

(5) 故障汽缸喷油器电阻为 14Ω,并对其雾化状态进行确认,状态良好。以上均为正常(但应该是加以考察的点)。

喷油器等相关线路已经过检测,无故障点,并进行缸压确认,汽缸压力在 0.98MPa(10kgf/cm^2),同时此故障属于间歇性质,点火线圈等已确认无误,此时一般检查项目均已完成。

最后,对火花塞也尝试进行替换。随后高级汽缸模拟采样显示,发动机各汽缸运转正常。至此,问题解决。

反思:此次故障的维修,使我们意识到不要被新配件所蒙蔽。脉冲模拟套件的应用,有效地节省了时间并提高了判缸的准确性,以及清晰地表明了故障特性。通过对模拟图形的观测,也对确认故障及排除起到了重要的作用。

5) 发动机噪声大,动力不足的问诊与预检

某日,某车主来站反映车辆行驶异常,发动机噪声过大,但不知什么原因。车辆没有以前动力性好,感觉"发闷",车主说本车一直是本人驾驶。

根据车主所述,修理人员对底盘及发动机的外观进行了检查,没有发现阻滞、卡壳、管路缝隙异常、线头脱落等现象,外观检查正常。

经车主同意,对该车进行路试,观察车辆行驶状态,确有动力输出较低,加速缓慢及发动机声音较大、发闷等不良现象。

使用三代检测仪(图 4-16)对发动机控制系统进行检测,没有故障数据储存;对怠速数据进行观测,节气门开度在 3.5%,感觉有些异常,因此对节气门进行清洗,同时对进气系统进行检查,发现空气格栅过脏,建议客户更换。

图 4-16 检测仪器

真空管路没有松动、断裂现象;对燃油系统进行检测,系统部件工作正常,没有堵塞、过脏、泄漏现象;对点火系统进行检查,拆下火花塞,检测燃烧状况,发现燃烧状况良好;进行汽缸压力检测,4 个汽缸缸压均在 1.18MPa(12kgf/cm^2) 左右,处于正常状态。

废气排放系统相关部件及管路也没有发现异常,到此基本检测告一段落,只有通过再次路试,并连接检测设备随时观察。

经过前期的基本维修,车辆行驶有所改善,但问题还是存在。此时,作为服务顾问你该怎么办?

与客户沟通后决定进行路试,通过路试让故障重现。在试车过程中,观察转速表发现:

(1)匀速行驶松加速踏板时,发动机转速表指针回落迅速而且回不到位;均匀加速时,在接近发动机动力最大输出时,转速表指针波动过大(换挡波动除外)。

(2)车速没有达到发动机最大输出时的速度,尤其是车辆匀速行驶,且发动机转速在1500r/min时继续均匀踩加速踏板,车速上升不明显。

(3)发动机负荷过大现象明显,如接近共鸣声响,延续时间较长(发动机明显能听到"嗡嗡"作响)。

采到当时的故障数据流,标记故障开始阶段。各种故障指示灯均没有明显异常,检测供电及搭铁电路都没有异常,通过检测的数据,感觉到组合仪表内部可能有问题,需要进行更换。

与车主沟通,并说明情况。以目前的检查结果,我们分析认为,发动机转速信号接收和输出不同步,会造成发动机ECU回馈信号失常,直接影响执行器的工作状态,造成发动机输出异常。

最后,将组合仪表更换,路试正常,转速表动作平滑,发动机加速顺畅,共鸣瞬间而过。到此确定故障彻底排除。

反思:对该车的检查判断,使我们意识到,对故障的判断要结合实际,并熟知汽车的使用性能。参照维修手册,认真分析数据流,从中找到故障点,可有利于问题的快速解决。

总结发动机动力不足的可能点:外观检查、怠速检查、进气系统检查、真空检查、燃油系统检查、点火系统检查、汽缸压力检查、废气排放检查(EGR、三元催化、氧传感器)、其他检查。学会工具的使用(检测工具、维修手册、思维方法、工作积累)。

6)变矩器振动案例分析与说明

客户反映,车辆在4挡(或5挡)以恒定车速行驶时,如果试图平缓加速车辆时,会感到车身有轻微振动。

图4-17 液力变矩器

(1)变速器升降挡时机不对,存在抖动。

(2)变矩器锁止离合器故障导致抖动。

如果是变速器升降挡时机不对,则进行变速器学习程序。如果是变矩器(图4-17)锁止离合器故障,则进行修理或更换。

当变矩器锁止离合器结合时,变矩器的输入轴和输出轴就处于锁止状态,因而有效地减少了液力变矩器的能量损失。然而,离合器锁止也带来了不良后果,因为由发动机燃油燃烧时产生的转矩波动引起的噪声和振动会直接传递到汽车的传动系统中,降低了乘坐的舒适性、汽车的操纵性和传动系统的寿命。另外,当锁止离合器分离时,尽管因为液力变矩器的工作而产生了部分能量损失,但却有效阻隔了发动机转矩波动向传动系统的传递。因此,传统的闭锁离合器在高车速区域结合而在其他车速区域分离。因为只有在高车速区域时,发动机的转矩波动才不那么明显。

①换挡冲击(闯挡)的案例分析。

客户反映其车辆正常行驶时,在变速过程中发生换挡冲击(闯挡)且没有DTC显示。

a. 通过试车检查,1挡至4挡全段变速冲击确认故障存在。

b. 确保ATF(自动变速器油)量、质没有问题。

c. 专用工具SSM检查:发现ATF油温数据异常(正常热车情况下,ATF油温应该在50℃左右,而该车实际上ATF油温表示为负值-8℃)。

②ATF油温异常会造成换挡冲击吗?

ATF温度低时,ATF的黏性较高、细油路管道的通过性差、有发生变速迟延的可能性。所以TCM在ATF温度低时,将各个油路的油压升高进行控制。缩短ATF在各个离合器中工作的油压时间,防止变速迟延现象的发生。这次由于ATF温度传感器故障使TCM判断实际温度为-9~-8℃。所以TCM升高各个管路油压进行控制,以缩短作用在各离合器上的油压时间。因此本来应该有的半离合状态被迅速破坏,所以发生了换挡冲击,ATF温度与电阻值关系如图4-18所示。

想到的故障点有以下3处:

a. ATF温度传感器故障(断线、本体不良)。

b. 配线不良(断线、电阻发生)。

c. TCM内部不良。

ATF温度(℃)	电阻值(Ω)
20℃	2.3~5.3k
20℃	300~800

ATF温度传感器采用了负温度系数的材质

图4-18 ATF温度与电阻值关系

③此时如何给客户进行说明呢?

最后结果为线束接头(图4-19)不好,更换后问题解决。

插头

图4-19 线束插头

7)车辆加速时出现发动机熄火或延滞的案例分析

客户投诉其车辆的问题如下:

①当车辆在刚进行冷起动后挂入D挡,驾驶时不时会感觉到车辆加速缓慢。

②当将换挡杆从N(P)切换到D(R)时,发动机不时熄火。

③踩制动踏板等信号灯时,发动机有时会突然熄火。

(1)首先推断发生问题的可能原因。

对于熄火这种情况,主要怀疑的原因还是变矩器故障(锁止离合器不能分开)造成直接挡而使发动机负荷高,造成发动机熄火,变矩器故障的主要原因是放油管的O形圈被夹住或切断,或控制阀体上的提升阀遗失,以致变矩器中的油因油路漏油而排空,从而导致发动机转矩无法传输。上述第②③两种情况是变矩器中的无级变速器油量不够或放油油路出现漏油而造成的。

(2)你将如何给客户进行说明?

当在SSM3数据流(图4-20)中,发动机转数和涡轮转数差异很大时,说明发动机和变速器之间滑移量过大,主要问题可能是变矩器及其控制阀体油路可能出现漏油现象。

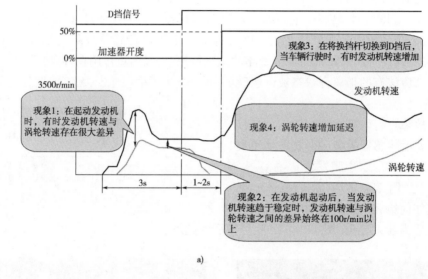

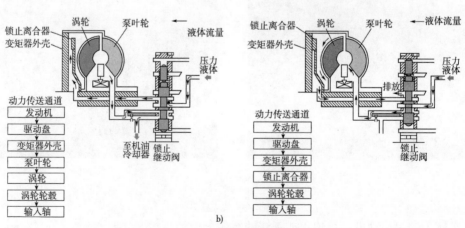

图4-20 数据流

在给变矩器施加空气压力的同时,检查发现变矩器供油管路中有无级变速器油渗漏(位置如图4-21所示),这是导致锁止离合器不能分开的原因。

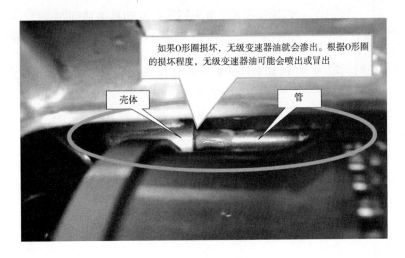

图4-21 无级变速器油渗漏

针对这种情况向客户进行说明,征得客户同意后开始修理。

二、任务实施

1. 信息收集和处理环节
(1)收集该环节岗位职责的资料。
(2)收集该环节岗位要求的资料。
2. 制订工作任务方案和计划
(1)结合工作情况,制订问诊和预检的工作计划。
(2)根据客户车辆情况制订问诊和预检的工作流程。
3. 任务方案确定环节
(1)展示自己的问诊和预检方案。
(2)讨论修改问诊和预检方案。
(3)确定问诊执行的方案。
4. 方案实施环节
(1)展示自己对问诊和预检工作的理解。
(2)展示自己对问诊和预检过程的应对方法。
5. 检查控制环节
(1)在方案实施过程中,检查实施过程是否完整。
(2)检查方案实施过程中要点和内容的正确性。
6. 评价反馈环节
(1)在方案实施过程中,你是否体现了所说的问诊思路和系统化方法。
(2)在方案实施过程中,你是否体现了客户关怀的工作理念。
(3)在顾问式服务各环节的展示过程中,你是否体现了服务的细节。
(4)针对评价和反馈意见,进行方案的修改和完善。

项目1　使用诊断工作单询问客户发动机失速问题

1. 角色扮演的学习目标

在完成该角色扮演之后,你便能够使用诊断工作单就发动机失速问题与客户进行沟通。

2. 角色扮演的目的

服务顾问能成功填写诊断工作单。

3. 情景

服务顾问使用诊断工作单询问客户有关事件的情况。

4. 车辆信息

车辆型号:×××××。

里程:82622km。

购买日期:2007年6月2日。

5. 车辆状况

客户车辆存在以下状况:

(1)事件在一周前出现。

(2)在暖机期间或之后的怠速时,发动机失速。

(3)发动机经过一段时间的怠速不稳,然后失速。发动机可以再次起动,但是发动机怠速时再次失速。

(4)清晨易于起动发动机。

6. 客户角色要求

在角色扮演中,除非服务顾问特别要求,否则你不要提供以下信息。每个问题可提供一条相应的信息。

(1)事件在一周前出现。

(2)在暖机期间或之后的怠速时,发动机失速。

(3)发动机经过一段时间的怠速不稳,然后失速。发动机可以再次起动,但是发动机怠速时再次失速。

(4)清晨易于起动发动机。

7. 观察员角色要求

观察员要清楚下面的车辆状况,重点观察服务顾问是否问到了下面的情况。

(1)事件在一周前出现。

(2)在暖机期间或之后的怠速时,发动机失速。

(3)发动机经过一段时间的怠速不稳,然后失速。发动机可以再次起动,但是发动机怠速时再次失速。

(4)清晨易于起动发动机。

8. 实施

根据上面的说明和要求执行项目的角色扮演。

项目 2　使用诊断工作单询问客户车辆短促异响问题

1. 角色扮演的学习目标

在完成该角色扮演之后,你便能够使用诊断工作单查清客户车辆短促异响(嘎嘎声)的问题。

2. 角色扮演的目的

服务顾问能成功填写诊断工作单。

3. 情景

服务顾问使用诊断工作单询问客户有关事件的情况。

4. 车辆信息

车辆型号:×××××。

里程:46028km。

购买日期:2009 年 7 月 24 日。

5. 车辆状况

客户车辆存在以下状况:

(1)来自前悬架前部区域的短促嘎嘎声。

(2)仅在不平路面上出现短促嘎嘎声。

(3)金属的短促嘎嘎声。

(4)与车速和发动机转速无关。

(5)与发动机暖机情况无关。

(6)任何天气情况。

6. 客户角色的要求

针对下面的问题,在扮演过程中如果客户没有明确的答案,只需说不知道。

(1)来自前悬架前部区域的短促嘎嘎声。

(2)仅在不平路面上出现短促嘎嘎声。

(3)金属的短促嘎嘎声。

(4)与车速和发动机转速无关。

(5)与发动机暖机情况无关。

(6)任何天气情况。

7. 观察员角色的要求

观察员要重点了解服务顾问在遇到下面的问题时是如何应对的。

(1)来自前悬架前部区域的短促嘎嘎声。

(2)仅在不平路面上出现短促嘎嘎声。

(3)金属的短促嘎嘎声。

(4)与车速和发动机转速无关。

(5)与发动机暖机情况无关。

(6)任何天气情况。

8. 实施

根据上面的说明和要求执行项目的角色扮演。

三、学习评价

1. 项目1的综合评定(表4-9)

项目1 综合评定表　　　　　　　　　　　　　　　　　　　　　表4-9

综合评定	完成		没有完成
	良好	有待提高	
1. 语调和清晰度			
2. 保持客气和礼貌			
3. 提问和使用浅显易懂的语言			
4. 不打断客户谈话			
5. 记录			
活动检查单			
1. 为给客户造成的不便,向客户致歉			
2. 认真听取客户关心的问题和要求,并加以确定			
3. 使用四个提问技巧,例如,澄清、同感、复述和归纳			
4. 通过提问,从客户那里收集附加信息			
5. 在诊断工作单上准确无误地说明客户所述的内容			
6. 如果需要,向客户解释,以易于其理解事件			
7. 与客户确认,服务顾问是否理解了客户关心的问题			
8. 询问客户是否还有其他疑虑/问题			
其他评语:			

2. 项目2的综合评定(表4-10)

项目2 符合评定表　　　　　　　　　　　　　　　　　　　　　表4-10

综合评定	完成		没有完成
	良好	有待提高	
1. 语调和清晰度			
2. 保持客气和礼貌			
3. 提问和使用浅显易懂的语言			
4. 不打断客户谈话			
5. 记录			
活动检查单			
1. 为给客户造成的不便,向客户致歉			
2. 认真听取客户关心的问题和要求,并加以确定			

续上表

综 合 评 定	完 成		没有完成
	良好	有待提高	
3.使用四个提问技巧,例如,澄清、同感、复述和归纳			
4.通过提问,从客户那里收集附加信息			
5.在诊断工作单上准确无误地说明客户所述的内容			
6.如果需要,向客户解释,以易于其理解事件			
7.与客户确认,服务顾问是否理解了客户关心的问题			
8.询问客户是否还有其他疑虑/问题			
其他评语:			

3. 学习任务4的理论知识评价

请完成表4-11中的问题,并给出适当的说明。

学习任务4的理论知识评价　　　　　　　　　　　　表4-11

1.什么是追加销售?为每个空白框选择适当的词语

　　追加销售意味着销售超出客户最初预计购买范围的、额外的[　　]或[　　],同时确保客户愉快地接受并付款;这是一个发掘客户[　　]并建议客户购买某个部件或服务,以满足其需求的过程。这种销售形式很大程度上取决于你与客户建立的信任[　　]

　　A.需求;B.服务;C.关系;D.产品

2.用适当的词语描述FAB。为每个空白框选择适当的词语

　　(1)特性是指可以客观观察到的[　　]或作用方式:产品/服务的简单描述

　　(2)优点是指设计的预期效果及用途:可以给你提供帮助且[　　]其他产品的[　　]特性

　　(3)好处是"它能给我带来的东西",是个人最感兴趣的部分:从所有"[　　]"或"形象"角度看,这是能够通过产品获取的好处

　　A.物理;B.优于;C.情感;D.特征

学习任务 5　车辆修理和质检

工作情境描述

服务顾问小张向客户刘先生介绍本次维修操作的主要内容、维修时间、相关费用,客户刘先生同意维修,并在维修合同上签字。服务顾问小张将车辆交与车间李主管并办理交接手续,李主管查看各班组的维修进度后,迅速向班组长派工,该车辆进入维修工位开始维修。在维修过程中,维修工小王发现有维修增补项目,随即通知服务顾问小张,小张在第一时间联系客户刘先生,告知刘先生,他的车辆在维修过程中发现前轮制动片磨损至极限了。由于制动片属于车辆安全件,会直接影响行车安全,小张建议刘先生更换制动片,并对增补的维修项目进行报价和时间延长说明,刘先生表示同意并在增补项目工单上再次签字确认。小张通知维修班组可以进行增补项目维修,并将维修进展情况通知客户刘先生。车辆维修完成后,维修车间进行自检、班组长检验及总检,检验完成后将车辆送至洗车间进行清洗,清洗完成的车辆停在"车辆竣工区"准备交接。

知识目标

1. 了解维修管理看板使用方法;
2. 熟悉维修过程控制;
3. 掌握质量检查标准;
4. 掌握车辆和手续交接要点;
5. 了解维修纠纷处理。

能力目标

1. 能合理安排车间人员进行生产;
2. 能协调零件部门进行零件供应;
3. 能协调维修过程中的突发事件;
4. 能就维修过程中出现的新项目与客户进行沟通和确认;
5. 能确保维修的顺利进行(项目完整、按时、保证质量)。

素养目标

1. 能熟练掌握派工、维修和质检工作流程;
2. 能够协调维修人员、质量保修人员、配件库管人员等各岗位人员之间的关系。

学习时间

12 学时

任务分析

服务顾问将客户车辆送入维修车间后,车间技师即开始相应的维修工作。在整个维修过程中,服务顾问要关注维修的进度及维修中可能出现的问题,并将技师的操作情况及可能的增项处理及时通知客户,以便获得客户的认可。同时,服务顾问要与技师完成车辆维修后的质检工作。

一、知识准备

1. 车辆维修和质检相关知识

1)派工、维修和质检工作流程(图5-1)

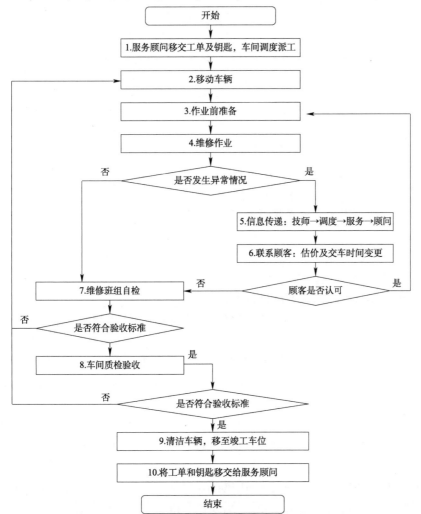

图5-1 某品牌车辆派工、维修和质检工作流程

2)维修作业看板

维修作业看板简称维修看板,内容应包括客户姓名、车牌号、维修工位、维修进度标尺、预计交车时间、维修班组信息等。维修看板的作用:设置维修看板可以让客户不用进入车间就可以了解自己爱车的维修进度,估算自己所需的等待时间,也能够避免客户进入维修车间而产生的一些意外,同时,等待维修完工的客户也可以借此了解自己仍需等待的时间,如图5-2所示。

××销售服务点 维修作业看板　　　　　　　　××××年××月××日星期×

维修类型	时间										
	8:00	9:00	10:00	11:00	12:00	13:00	14:00	15:00	16:00	17:00	18:00	次日
机电G01												
机电G02												
机电G03			②									
机电G04												
钣金B01												
钣金B02												
油漆P01												
油漆P02												
装潢1组												
装潢2组												

等待派工	等待顾客答复	等待配件	等待质检	等待交车
①	③	④	⑤	⑥

图5-2　维修作业看板

(1)维修作业看板只反映当天的在修车辆动态状况和维修资源利用状况,是实现维修业务直观管理的有效辅助工具。

(2)维修作业看板应置于服务顾问、车间主管或车间调度及客户能方便看到的地方,可在服务接待前台和维修车间各放置一块。

(3)维修作业看板由车间主管或车间调度进行管理和更新。

(4)服务顾问完成接车流程后,填写2份相同内容的客户车辆信息,将其贴于维修作业看板的"等待派工"栏(①处)。

(5)车间调度派工后,将客户车辆信息按照对应作业班组和作业时间转移至维修作业看板的"在修状态"栏(②处),并使用水溶性彩笔或及时贴等手段标志本项维修作业的时间跨度,并在更换班组或工种作业时进行相应的标志。

(6)车间调度将在维修过程中因等待客户答复而中断作业车辆的客户车辆信息转移至维修作业看板的"等待客户答复"栏(③处),并在重新派工后从"等待客户答复"栏转移至"在修状态"栏(②处)。

(7)车间调度将在维修过程中因等待零配件而中断作业车辆的客户车辆信息转移至维修作业看板的"等待配件"栏(④处),并在重新派工后从"等待配件"栏转移至在修状态栏(②处)。

(8)车间调度将已经完成全部维修项目而等待质检员检验车辆的客户车辆信息转移至维修作业看板的"等待质检"栏(⑤处)。

(9)车间调度将已经通过质检并清洗完毕车辆的客户车辆信息转移至维修作业看板的"等待交车"栏(⑥处)。

(10)服务顾问在通知客户前来结算取车后,将对应车辆的客户车辆信息从接待前台维修作业看板的"等待交车"栏(⑥处)取下,并通知车间调度更新车间的维修作业看板。

3)车辆维修一次性交付率——服务质量

(1)服务质量的构成。服务质量是一个综合概念,由有形的维修车辆产品质量、服务设备设施质量、服务环境质量和无形的劳务质量四个组成部分,它们共同构成了服务质量管理的对象。

①维修车辆产品质量在服务质量构成中处于基础地位,这是由它们的基本职能所决定的,客户到维修站来的主要目的是为了对车辆进行日常维护、维修、故障排除,以使车辆能够很好地使用,维修企业应满足客户对车辆性能或使用上的质量要求。

②劳务质量。提供劳务是一切服务组织的重要职责,是服务质量的重要组成部分。劳务质量主要包括服务人员的服务态度、言谈举止、仪容仪表以及服务项目、服务方式、服务时间等。劳务质量集中反映了服务组成的信誉和形象,客户对服务质量的评价,在很大程度上取决于劳务质量。

③设备设施质量。服务组织的服务性设备设施供客户直接使用,因此设备设施的质量是服务质量的组成部分。这种特点决定了服务设备设施必须高质量。例如,车间中的各种工具、设备应满足维修人员正确、安全、舒适的使用要求,以保证客户车辆维修的正常使用。好的诊断设备将使维修人员效率更高、判断更加正确。

④环境质量。环境质量不同于服务设备设施质量,环境质量主要指服务场所的美化、商品陈列的艺术性、环境卫生状况、设备设施摆放布局、灯光音响及室内温度的适宜性等。良好的服务环境能使客户置身于轻松、愉快的享受之中。

(2)服务核心流程的质量要素。服务核心流程的质量要素是帕拉苏拉曼、齐塞尔和贝利等服务营销研究人员在对包括机械修理等几类不同的服务进行充分研究后提出来的。

他们确定了客户按服务核心流程质量要素的相对重要性来判断企业服务质量的五个基本方面,由高到低排列为:可靠性、响应性、保证性、移情性、有形性。

①可靠性。可靠性是指服务组织可靠、准确地履行服务承诺的能力。可靠的服务行动是客户所希望的,它意味着服务是以相同的方式、无差错地准时完成。

②响应性。响应性是指服务组织能帮助客户并迅速对其提供服务的愿望。让客户等待,特别是无原因的等待,会对客户的质量感知造成不必要的消极影响。

③保证性。保证性是指服务组织的员工表达出自信与可信的知识、礼节和能力。它能增强客户对组织服务质量的信心和安全感。当客户同一位友好、和善且学识渊博的服务人员打交道时,他会认为自己找对了公司,从而获得信心和安全感。保证性包括如下特征:服务组织的员工完成服务的能力,对客户的礼貌和尊敬,与客户进行有效的沟通,将客户最关心的事情放在心上的态度。

④移情性。移情性不仅是指服务人员的友好态度,而且是指服务组织设身处地地为客户着想和对客户给予特别的关注,了解他们的实际需要(甚至是私人方面的特殊要求)并给予满

足,使整个服务过程富有人情味。移情性有下列特点:服务组织的员工接近客户的能力、敏感性和努力地理解客户需求。

⑤有形性。有形性是指有形的设施、设备、人员和通信器材的外表。有形的环境条件是服务人员对客户更细致的照顾和关心的有形表现。对这方面的评价(如洁净)可延伸至其他正在接受服务的客户的行动。

(3) 服务流程管理的质量观。

①市场竞争由价格转向服务质量竞争。

②服务质量就是要满足需要,首先是客户的需要,同时要兼顾其他相关的利益。

③服务质量是服务组织生存发展的第一要素。

④提高服务质量是最大的节约,在某种程度上,服务质量好等于成本低。

⑤服务组织看待服务质量要有一个立场上的转变。服务组织不能仅仅从服务提供者的角度来看待服务质量,而应由提供者转变到消费者和其他相关方的立场上来看待服务质量,只有这样才能够满足消费者所需要的服务。

⑥服务质量的提高主要取决于科学技术的进步,其中包括科学的管理。

(4) 服务流程的标准化。标准化是企业进行流程管理的依据和基础,标准化的活动贯穿于流程管理的始终。服务流程的标准可分为以下三个方面。

①技术标准。技术标准包括商品及原材料质量标准,服务设备、设施质量标准,卫生标准,环境质量标准,各种生产操作规程、服务规范等。

②工作标准。工作标准包括部门工作标准和岗位工作规范。它应规定部门和岗位的职能、职责、权限、领导关系、工作内容、工作程序及工作质量要求。

③管理标准。管理标准分为全面质量管理和专业管理两部分。专业管理又可分为人力资源管理、财务管理、物价与计量管理、内部审计、安全保卫、卫生管理等若干类别,每个类别包含若干标准。

2. 车辆修理及质检的具体实施流程(图5-3)

在服务顾问与客户签订好维修工单后,服务顾问应再次确认待修车辆的状态,以便与交付时的车辆状态进行对比,避免交付时争议;确认在预约检查单上记录车辆的外观状态,清点随车物品,对车辆进行必要的防护,妥善保管客户的车钥匙和客户提供的其他资料。为每一个客户准备一个资料袋,将所有的客户资料放到袋子里并在袋子外边注明客户姓名或车牌号,这样有利于服务顾问管理这些资料。在交付车辆的时候,服务顾问还可以将宣传册、优惠卡、意见收集表等放入袋子一并交给客户,以显示其工作的条理性和专业性。

安排客户到休息室休息,在等待时应该使客户感觉到舒服、有事可做,同时要让客户对修理工作放心,不必经常向你询问修理情况。在客户休息室,一般应安排有足够的座椅、沙发、电视、报纸、杂志、免费上网的计算机及其一些简单的娱乐休闲项目等。若客户不在现场等待,离开经销店,服务顾问应告知客户返回取车的时间,并在约定取车时间前半小时再次电话(或短信)提醒客户可以按时取车。如果客户有特殊或紧急情况,申请临时代步车,服务顾问应确保临时代步车是准备好的,并随时可以使用。

服务顾问应再次核对维修工单,尤其注意维修工单中的每一项维修操作,以便为维修报价的准确性提供保障。若客户在现场等待,服务顾问可以与客户确认相关维修维护内容,当服务顾问和客户交谈的时候,注意要让客户领会你的意思。不要忘记很多客户并不懂那些汽车行业的术语,因此如果服务顾问对客户说"主销后倾"等这样的专业术语时,他们很可能会理解不了。尽量使用一些简单、实际的语言,不要夸大事实情况,也没有必要过分为客户考虑。例如,不要说:"汽油泵完全坏了,必须换一个新的。"可以说:"汽油泵需要换一个新的,这种方法是最可行的。"此时注意,应该通过介绍新产品的优点而不是原部件的磨损来吸引客户购买。例如,不要说:"您的制动板已经完全用坏了。"可以说:"用这种新的制动板,您可以放心驾驶30000km。"

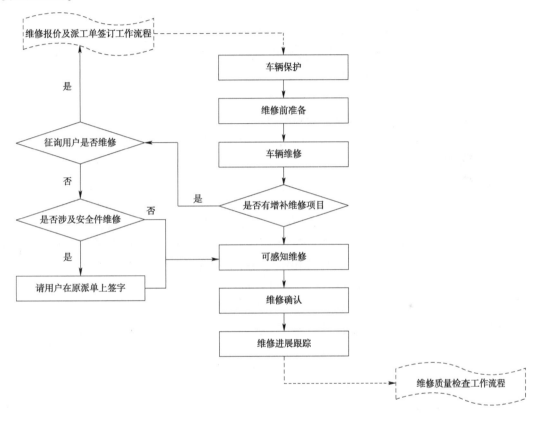

图5-3 派工及维修和质检流程图

1)服务顾问与客户签订好维修合同后,服务顾问与车间主管交接

服务顾问与车间主管交接程序:

(1)服务顾问将车辆开至待修区,将车辆钥匙、维修工单、接车登记表或预检表交给车间主管。

(2)依据维修工单、接车登记表或预检表与车间主管车辆进行交接。

(3)向车间主管交代作业内容。

(4)向车间主管说明交车时间要求及其他须注意事项。

2)车间主管向班组长派工

服务顾问与车间主管交接完毕后,车间主管向班组长派工。

(1)车间主管确定派工优先度,一般情况下,按照先到先修的原则,但是若客户为预约客户,并且在约定时间内到达,则应事先准备好预留工位及配件,优先处理预约客户的车辆。若其他客户对此有异议,及时向其他客户说明情况,并适时宣传预约的好处。

(2)车间主管根据各班组的技术能力及工作状况,向班组派工。

3)实施维修作业

(1)班组接到任务后,根据接车登记表或预检表对车辆进行验收。

(2)确认故障现象,必要时试车。

(3)根据维修工单上的工作内容,进行维修或诊断。

(4)维修技师凭维修工单领料,并在出库单上签字。

(5)非工作需要,维修技师不得进入车内,不能开动客户车上的电气设备。

(6)对于客户留在车内的物品,维修技师应小心地加以保护,非工作需要严禁触动;因工作需要触动时,要通知服务顾问以征得客户的同意。

4)作业过程管理

当作业进度发生变化时,维修技师必须及时报告车间主管及服务顾问,以便使服务顾问及时与客户联系,取得客户谅解或认可。当作业过程中发现新增作业项目时,如何增补维修项目见下文"追加维修工作流程"。

(1)在维修过程管理中,维修看板管理须由专人管理。

①指定专门的人员负责及时更新相关的信息,例如,维修进度管理看板由相关的服务顾问负责更新,任务分配板由服务顾问指定本小组一个技工(或副组长)负责更新。

②使用有效的通信手段及时获得最新的维修信息和情况,在服务顾问和其班组之间配备对讲机,同时相关人员也应配备对讲机,如售后业务经理、配件管理员、质检技术员、技术专家等。这样可以方便相关人员之间互相联系,以便获得所需信息。

③一旦信息发生变化,负责信息更新的人员应及时在管理看板上进行更新。

④服务顾问、维修技工和质检技术员等,应随时掌握车间的维修动态,并经常检查自己手中的工作与看板上显示的状态是否一致。

⑤服务顾问和售后业务经理应经常检查维修管理看板的使用情况,并要求维修人员在维修过程管理中严格按照规定使用。

(2)维修过程管理。

要想使客户对4S店满意,并且青睐4S店,不仅要保证接待客户的质量,还要保证维修期间客户在必要情况下能够及时得到相关的信息。因此,客户的汽车进入了维修车间并不意味着服务顾问的任务就此结束了。

服务顾问需要提前告知客户。在休息室,客户可以利用在线系统随时了解自己车辆的相关信息(图5-4),服务顾问也会随时关注客户的车辆,及时通报相关信息。这样可以消除客户内心的潜在担忧。

①跟踪维修工作的进度,如果出现与最初签订的维修工单有出入的地方,服务顾问应及时通知客户。例如,修复的期限、估算的价格以及即将进行的操作步骤等。这样可以显示出4S店在这方面的专业精神,使客户非常放心,也会使你赢得客户的信赖。

②与维修车间一直保持联系;在维修过程中,随时将意外情况告知客户;向客户推荐合适的解决办法。

图 5-4　透明车间管理系统

（3）跟踪维修服务进程。这一过程的目的是确保维修工作按照维修委托书的要求进行，掌握维修情况以保证车辆按时交付。采用的方法为随时记录，随时与车间保持联系，使用维修进度管理看板、车间任务分配板。保证服务顾问按时交付客户车辆和随时回复客户的询问并对车间的维修情况了如指掌，便于安排工作、同客户约定合适的交车时间，增加客户的服务满意度，减少抱怨。

（4）追加维修工作流程（图5-5）。

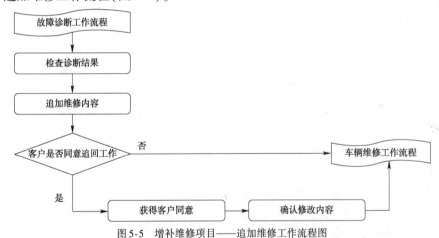

图 5-5　增补维修项目——追加维修工作流程图

服务顾问与维修车间和客户不间断沟通的目的是：一旦维修过程中出现意外情况，服务顾问能及时通知客户并征求客户意见，需要时可更改最初签订的维修委托书。

沟通的方法是在通知客户前应进行充分的准备，包括向客户传达信息、更新工作计划、与维修车间保持联系，以便确切了解以下情况，从而与客户建立一种信赖关系。

在客户不在场的情况下，维修车间所做故障诊断的结果或车间新发现的问题；需要进行紧急的或涉及安全方面的额外维修的具体内容；需要增加或变更的维修项目；维修过程中，必需的零配件库存情况或到货的期限；所需的额外维修时间；需要增加的维修费用。

服务顾问的计划包括，将会向客户提供的服务（临时替换的汽车、修复后送车上门、缓期付款等），或者准备好与客户分担损失，这样有利于让客户接受维修或维护时间超过预期所带来的后果。

在维修过程中,如果发现新的维修内容时,应将增补维修项目和处理方法记录在预检单中,并在第一时间内通知车间调度或服务顾问。对增补维修项目及时向客户进行说明,并对所要完成的维修进行费用报价[若属于质量担保范围(保修期)内,直接按质量担保工作流程操作]及交车时间延长说明。若客户同意维修,用红色笔在维修工单上填写增补维修内容。客户如在现场,请客户签字确认;客户若不在现场,以客户确认过的同意增补维修方式(电话、短信、传真、邮件等)获取确认。之后,在客户提取车辆时,请客户在维修工单上补签名。

例如,可以采用以下话术:

"刘先生,我们的维修技师在维修过程中发现您的车辆前后制动片磨损比较厉害,已快到极限值了。为了行驶的安全,建议您更换。另外,交车时间比我们此前预计的交车时间会延长半个小时,我们会抓紧时间尽快完成车辆的维修工作。如果没有其他问题的话,请您在这里签个字进行确认。"

若客户不同意维修,对涉及安全件的维修项目,请客户在派工单对应栏框签字,并友情提示客户,请关注该处故障的变化,约请下次维修处理。对非安全件维修项目,可约请客户下次维修。

"没关系,您这次不同意更换,那麻烦您在这里签个字。不过,为了保证车辆的安全性和耐用性,还是建议您如果有时间尽快到服务站来更换。"

通知车间调度安排下一步维修工作,在没有获得客户对新的增补维修项目意见的情况下,不要进行任何增补维修工作。

安全件一般指发动机总成、机械变速器总成、车身总成、各电控单元、轮胎等。

在追加维修工作流程中,服务顾问若想要实施任何一步超出客户最初订制要求的维修操作时,即使这步操作关系到汽车的安全性,也都必须事先得到客户的同意。如果客户不同意,则记录在结算单上,以免除公司对此事的责任,并要让客户签字。相反,如果客户在电话中表示了同意,那么在交付时,服务顾问一定要客户签字确认。无论在什么情况下,服务顾问都不能擅自决定客户汽车的增补项目处理方法。

任何追加维修工作项目应在第一时间向客户传达,服务顾问应解释打电话给他的原因,简短、清楚、准确地向客户汇报在其汽车上发现的情况。如果维修工作不能如期完成或不能满足当初的协议,则应提出一个既适合维修车间情况又符合客户要求的解决方案。最好能够提供两个或两个以上的解决方案给客户选择,并向客户分析说明每种方案给客户带来的利与弊,而不是将问题抛给客户,让客户拿方案。告诉客户其汽车出现的问题(如果这是打电话给客户的原因)以及可能导致的后果,并劝告客户立即采取补救措施。告诉客户所需的额外费用和时间,争取得到客户的同意,严格遵守维修指南,向客户提供专业的建议,在修改维修工单前征得客户的同意,避免交付时的麻烦和争议。向客户传达信息时,如果需要的维修时间超过预期,则根据维修车间的意见,向客户提出一个新的交付时间。如需要,服务顾问应拟订临时替代车辆计划,要做到随时了解维修车间的实际工作能力和临时替代车辆可供使用的时间。

如果必须进行追加维修工作,那么这些操作事先应得到客户的许可,并要求客户以书面的形式确认;在维修委托书上记下给客户打电话的日期和时间以及新的交付时间;把客户的决定告知相关部门负责人,并根据其决定调整维修车间的工作;把新的维修操作、需要的零部件和工时记录下来,一般记在最初的维修工单上,或者重新制作维修工单。这样可以避免维修车间进行一些客户并没有要求的维修操作,因为客户可能不会接受这些操作。同时更新工作计划,根据维修工单的变化来随时更新工作计划,以便于你掌握车辆最新的情况和车间维修能力情况,以更好地进行接待工作和安排交付客户车辆。

服务顾问应与维修车间保持联系,以便出现意外情况时他们可以最快速度通知服务顾问。一旦出现意外情况,并导致需要延长维修时间或增加维修费用时,服务顾问可以及时通知客户。

服务顾问应在客户的维修委托书上记录下列信息,并注意以下事项:与客户约见的日期和时间,新的交车日期和时间。让客户在下列两个协议中的一个上签名:继续进行补充维修操作的协议;在客户拒绝进行涉及汽车安全性的维修操作时,免除维修方责任的协议。把客户的决定通知维修车间,并且及时更新工作计划。一旦维修企业接收客户的汽车,就应一直对它负责;完全依照客户的要求进行维修,同时根据制造商的建议进行工作;如果不能遵守最初的协议,则应提供适当的补偿:免费把临时替代的汽车借给客户;请示服务经理采用适当的经济补偿,避免可能引起的争议。

服务顾问应向客户说明,在维修期间,建议客户把汽车里的票据和私人物品放到安全的地方,例如,放在寄存处或者放在一个带锁的橱柜里。

在服务过程中,有经验的服务顾问会注意一些细节,比如在每一辆汽车上做一个标记(把号码记在客户的维修委托书上);放一块有磁性的小方块,或者五颜六色的小别针,其颜色可以代表交货的时间或进行维修的部门;把维修过程中发现的那些并未列入维修项目的故障(即使是最小的故障)记录下来并将其编号。这样可显示出服务顾问注意到了哪些故障,并吸引客户继续为此进行维修。

5)自检、班组长检验及总检

①维修技师作业完成后,先进行自检。

②自检完成后,交班组长检验。

③检查合格后,班组长在任务委托书写下车辆维修建议、注意事项等,并签名。

④交质检员或技术总监质量检验。

⑤总检:质检员或技术总监进行100%总检。

维修质量控制工作流程如图5-6所示。

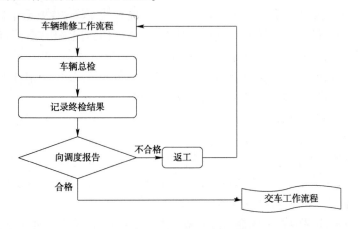

图5-6 维修质量控制工作流程图

客户车辆在车间的维修完成后,经过了车间技工严格的自检、维修小组间的互检和质检技术员的总检,维修质量得到了有效保障。但是为了确保在交付时能兑现对客户的质量承诺,服务顾问还应该在交付前对完工车辆进行严格的检查,掌握客户车辆的详细维修细节和车辆状态,确保客户满意。质检员检查完工车辆,确保完工车辆质量状况符合客户的要求,并收集维修的信息和质量检验信息,而此时服务顾问需要了解完工车辆维修情况并和质检技术员进行内部交车。服务顾问应完全掌握完工车辆的维修情况,目的是确保客户期望的所有工作都已经高质量地完成,并为交付车辆做准备。做到向相关人员了解车辆维修情况或质量状况,亲自检查完工车辆,这在交车时可以使服务顾问更好地回复客户有关其车辆的问题,以显示出专业性和工作的条理性。

①向有关人员了解车辆维修情况或质量状况。
②向维修技工了解维修细节和是否需要额外的工作。
③向技术专家了解有关故障的诊断的情况和故障的原因。
④向质检技术员了解车辆检验情况、质量状况和存在的问题。
⑤了解一些零配件的剩余使用寿命(制动摩擦片、制动盘、轮胎、刮水器片等)。

6)车辆清洗

(1)总检合格后,若客户接受免费洗车服务,则将车辆开至洗车工位,同时通知车间主管及服务顾问车已开始清洗。

(2)清洗车辆外观,确保不出现漆面划伤、外力压陷等情况。

(3)彻底清洗驾驶室、行李舱、发动机舱等部位。烟灰缸、地毯、仪表等部位的灰尘都要清理干净,注意保护车内物品。

(4)清洁后,将车辆停放到竣工停车区,车辆摆放整齐,车头朝向出口方向。

7)交接要点

(1)根据维修委托书所列的维修项目,检查是否所有的工作都已经按照客户的要求进行了处理,防止交车时仍存在未处理的维修项目。

(2)检查车辆内部和外观,确保竣工车辆内外都得到彻底的清洁。整洁的车辆外表,使客户一眼就发现车辆与进厂时的不同,客户会感觉到高兴从而忽略一些维修中微小的纰漏。

(3)和质检技术员一起,履行内部交车手续,亲自检查竣工车辆:根据维修委托书中与客户最初的协议,检查旧件是否按照要求进行了处理;根据最初的记录检查、清点车上物品等;收集所有结算所需的信息和记录(材料清单、工时记录、检测记录、检测结果等)。服务顾问需记住停车位在哪里,交付前的检查完成后,将车停到等待交付的停车场,并记住停车的位置;在客户取车时可以方便地找到车辆,并且可以按照交付计划安排停车位。

(4)一切检查完成后,填写质量保证卡,以树立企业的服务形象,得到客户的信赖,在提高客户满意度和忠诚度的同时对自己进行约束。

服务顾问应对竣工车位进行编号并将停车位记录在维修委托书上。掌握客户车辆维修情况,检查竣工车辆状况。了解具体的维修细节、车辆质量状况和行驶性能、磨损部件的剩余使用寿命、是否存在需进一步处理的工作等。

服务顾问同时要确保所有工作都已经正确执行,没有遗漏;等待交付的车辆已经得到彻底清洁;结算、交付所需的材料都已经准备齐全,没有遗漏;使用质量承诺卡(或质量报告)。

二、任务实施

1. 服务顾问与客户签订好维修合同后,服务顾问与车间主管交接环节
(1)服务顾问依据维修工单、接车登记表或预检表与车间主管进行车辆交接。
(2)服务顾问向车间主管交代作业内容,并向车间主管说明作业要求及其他须注意事项。
2. 车间主管向班组长派工环节
(1)结合工作情况,制订维修维护应对计划。
(2)根据各班组的技术能力及工作状况,向班组派工。
3. 实施维修作业环节
(1)维修车间保质、保量并按时完成维修作业内容。
(2)服务顾问应追踪维修进度。
4. 作业过程管理环节
(1)在维修过程管理中,维修看板管理须由专人管理。
(2)维修过程管理。
(3)跟踪维修服务进程。
(4)追加维修工作流程。
5. 自检、班组长检验及总检环节
(1)维修实施过程中检查作业是否有遗漏。
(2)再次检查并确认维修作业的完成情况,确保车辆的一次性交付率。
6. 车辆清洗环节
(1)检查清洗车辆外观,必须确保不出现漆面划伤、外力压陷等情况。
(2)将清洗后的车辆停放到竣工停车区,车辆摆放整齐,车头朝向出口方向。
7. 交接准备环节
(1)检查是否所有的工作都已经按照客户的要求进行了处理,防止遗漏维修项目。
(2)一切检查完成后,填写质量保证卡。

项目1　将车辆信息传递给技师

1. 角色扮演的学习目标
在完成该角色扮演之后,你便能够与技师交流,在开始工作之前传递车况信息。
2. 角色扮演的目的
技师能成功地了解所要维修车辆的状况。服务顾问持有诊断工作单,技师持有派工单。
3. 情景
服务顾问将向技师解释从客户那里得到的、有关车辆问题状况的信息。
4. 车辆信息
车辆型号:××××××。
发动机:××××,编号:×××××××。
变速器:××××。

里程:80622km。

购买日期:2009年9月2日。

5. 车辆状况

车辆状况如下:

(1)问题于一周前出现。

(2)在暖机期间或之后的怠速时,发动机失速。

(3)发动机经过一段时间的怠速不稳,然后失速。发动机可以再次起动,但是发动机怠速时再次失速。

(4)清晨易于起动发动机。

6. 技师角色要求

服务顾问将向技师解释从客户那里得到的、有关车辆问题状况的信息。

7. 观察员角色要求

观察员要注意观察服务顾问与技师的对话中是否包括了车辆状况的描述。

8. 实施

依据上面的描述和要求执行该项目的角色扮演。

项目2 从技师那里收集有关附加工作的信息

1. 角色扮演的学习目标

在完成该角色扮演之后,你便能够与技师交流,收集有关附加工作和车辆状况的详细信息。

2. 角色扮演的目的

服务顾问能成功地记录有关附加工作的信息,以向客户进行解释。

3. 情景

在某车80000km定期维护过程中,技师发现ABS传感器处泄漏制动液。服务顾问希望了解在维修制动液泄漏过程中发现的、有关附加工作的信息。

4. 车辆信息

车辆型号:×××××。

注册号:×××××。

里程:79886km。

购买日期:2006年11月1日。

5. 车辆状况

车辆状况如下:

(1)左前制动软管有少量制动液泄漏。

(2)制动液的液位没有变化。

(3)最好更换两侧的制动软管,它们的橡胶已经老化。

(4)如果此时不维修,以后会变成严重问题。

(5)同时最好更换制动液,这就是制动液变脏的原因。

(6)工作时间为30min,包括更换橡胶软管和制动液。

(7)零件有货。
(8)可能于16:30向客户交车。
(9)工时费为20元,橡胶软管的零件费为20元(右侧、左侧),制动液的费用为20元。

6. 客户角色要求
客户在此环节中要配合服务顾问,以使其获取车辆的状况信息。

7. 观察员角色要求
观察员要重点观察服务顾问与客户沟通时的语言和内容是否是有关车辆状况的。

8. 实施
依据上面的描述和要求执行该项目的角色扮演。

项目3 征得客户同意,以便追加维修工作

1. 角色扮演的学习目标
在完成该角色扮演之后,你便能够按照经销商的客户应对标准流程来征得客户同意,以便追加工作。

2. 角色扮演的目的
服务顾问能征得客户同意,以便追加工作。

3. 情景
服务顾问给客户致电,想征得客户同意,以便追加工作。客户想要了解追加工作的重要性。

4. 车辆信息
车辆型号:×××××。
里程:79886km。
购买日期:2008年2月4日。

5. 客户要求与期望
在咨询时,客户的要求和期望有:
(1)客户希望所需的维修费低于500元,其中包含配件费用。
(2)客户想要在下周三(10月3日)上午7:30将车送到经销商处,并想在傍晚取车。
(3)客户想要安排接送车或派车将其送到最近的车站。
(4)客户没有其他担心的问题。
(5)客户想要确保没有遗留安全问题。
(6)客户想要确保他的花费物有所值。
(7)客户并不介意支付多于500元的费用。

6. 客户角色要求
你接到经销商打来的电话,说明事关你某款车的80000km的维护问题。在演练过程中,除非服务特别要求,否则你不要提供下列信息。每个问题可提供一条相应的信息。
(1)你想要确保没有遗留安全问题。
(2)你想要确保花费有所值。
(3)你并不介意支付多于500元的费用。

7.观察员的角色要求

观察员要重点观察服务顾问在与客户的沟通过程中是否考虑了客户的要求和期望。

8.实施

依据上面的描述和要求执行该项目的角色扮演。

三、学习评价

1. 项目 1 综合评定(表 5-1)

项目 1 综合评定表　　　　　　　　　　　　　　表 5-1

综合评定	完成		没有完成
	良好	有待提高	
1.语调和清晰度			
2.保持客气和礼貌			
3.使用常用术语			
4.逐步解释(按照时间顺序)			
活动检查单			
1.解释故障出现之后的情景			
2.解释故障何时出现			
3.解释发动机状况(冷、热、暖机过程中)			
4.解释故障出现的频率			
5.询问问题以确认对方理解			
其他评语:			

2. 项目 2 综合评定(表 5-2)

项目 2 综合评定表　　　　　　　　　　　　　　表 5-2

综合评定	完成		没有完成
	良好	有待提高	
1.语调和清晰度			
2.保持客气和礼貌			
3.使用常用术语			
4.记录			
活动检查单			
1.询问故障程度			
2.询问所需的服务内容(修理内容)			
3.如果不修理,询问出现故障的可能性			
4.询问所需零件和是否有货			
5.询问工时费和零件费			
6.询问预估的工作时间和能够交车的时间			

续上表

综合评定	完成		没有完成
	良好	有待提高	
7.询问问题以确认对方理解			
其他评语：			

3.项目3的综合评定(表5-3)

项目3综合评定表　　　　　　　　　　　　　　　　　　　　　表5-3

综合评定	完成		没有完成
	良好	有待提高	
1.语调和清晰度			
2.保持客气和礼貌			
3.使用浅显易懂的语言			
4.不打断客户谈话			
5.记录			
活动检查单			
1.问候致意,报上经销商的名称以及你本人的姓名			
2.询问客户是否有时间通过电话交谈			
3.解释维修中发现的问题,以及推荐的维护或修理事宜			
4.通过陈述好处(或潜在危险)向客户解释维护的必要			
5.提供附加的以及总的修理费用说明,并询问客户是否接受			
6.提出新的完成时间,并就修订后的交车时间与客户达成一致			
7.询问问题以确认对方理解			
8.复述和确认与客户协商后的事宜			
9.在通话结束时重复自己的姓名,如果客户还有其他任何问题,则提供进一步的帮助			
10.在交谈结束时,真诚感谢客户抽出时间与你交谈,并重新确认预约的交车时间			
其他评语：			

4. 学习任务 5 理论知识评价

请完成表 5-4 中的学习评价,并给出适当的解释。

学习任务 5 的理论知识评价　　　　　　　　　　　表 5-4

问　　题	正确	错误
1. 客户要求做 80000km 维护,当你询问有没有其他担心的问题时,他说没有问题。因此,如果你发现了任何其他的问题,也不必通知客户		
2. 客户告诉你可能无法在白天与他联系。在你发现了一个会延误交车的问题时,最好尝试与他联系,而不要等到他打电话来确认他的汽车何时修好		
3. 除了解决每位客户的投诉之外,维修企业最重要的是分析投诉的根本原因,然后采取正确的举措,以防问题再次出现		
4. 工作分派的要点是什么 从下面选择三项适当的描述,并在空白框中标记"×" [ ]优先级;[ ]服务收费的金额;[ ]生产率;[ ]技师的技能水平;[ ]工作负荷的合理性;[ ]交情		
5. 哪项陈述明确说明了工作进度控制 从下面选择三项适当的描述,并在空白框中标记"×" [ ]等候工作开始;[ ]做好交车准备;[ ]经销商会议;[ ]等待客户同意;[ ]公司车辆		
6. 请给出下列名词的相关正确描述 服务质量 修理质检流程 作业过程管理		

学习任务6　客户车辆交付

工作情境描述

车辆维修完成,经过质检、清洗后,停在车辆竣工区,服务顾问小张检查完车辆后,通知客户准备交车。小张陪同客户刘先生现场验车后回到前台打印结算单,向刘先生说明此次维修维护的作业内容,并详细跟刘先生解释了费用组成,陪同刘先生一起至财务室结算,结算完成后小张将本次维修维护的全部资料及收款发票整理装袋交给刘先生,刘先生对此次维修维护这个过程表示满意。小张目送刘先生驾车离开4S店,然后回到前台,面带微笑,随时准备接待下一位客户。

知识目标

1. 熟悉车辆交付的相关准备项目;
2. 掌握车辆交付的流程和执行标准;
3. 掌握发票内容并解释和说明;
4. 了解易产生纠纷环节的应对措施;
5. 了解客户关怀技巧。

能力目标

1. 能完成客户车辆交付前的准备工作(项目检查、车辆检查、物品检查、清洁检查、手续检查);
2. 能给客户进行详细的维修结果说明(项目、费用、额外工作和关怀);
3. 能热情陪同客户完成车辆的验收检查;
4. 能引导客户完成费用交付并耐心解释发票项目;
5. 能微笑送别客户并表示感谢。

素养目标

1. 能在车辆交付过程中确保客户接收到一辆故障完全清除、干净整洁的车辆,并做好解释工作;
2. 能够协调洗车员、质量保修人员、财务管理人员等各岗位人员之间的关系。

学习时间

14学时

任务分析

客户车辆交付环节是最能提升客户满意度的环节,通过该环节,企业可以向客户展示维修的成果,说明技师的工作,并解释维修的费用。通过这些可见的环节,可将服务的无形化进行有形展示,可以提高客户的满意度。

一、知识准备

1. 客户车辆交付的相关知识

1) 车辆检查及交付工作流程(图6-1)

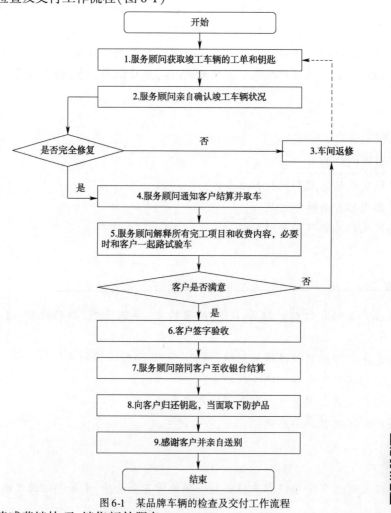

图6-1 某品牌车辆的检查及交付工作流程

2) 运用情感营销技巧,销售额外服务

情感营销的含义:情感营销就是将企业与客户的互动看成是企业与消费者产生情感作用的过程,其核心是建立和发展与消费者的长期关怀与相互信任的关系。情感营销注重长期对客户的关怀与联系,关注客户感受、满意与忠诚,并强调企业员工与客户间关系的建立与维持。

情感营销的作用是将企业情怀与员工情感直接注入与客户的接触联系中,让客户感受到企业对客户的关爱,企业除了提供给客户满意的维修服务外,更重要的是经营一种友好亲切的客户关系,强化企业、员工与客户间的联系与关心,借以提高客户满意度与提升企业形象,促进员工与客户的情感交流,增加客户服务与业务招揽的机会,较容易地处理客户的问题与答疑,提升服务品质与业务盈利,强化区域活动的造势宣传,创造良好的服务口碑,提升品牌与企业形象。

在交车过程中,进行情感营销的案例如下。

(1)案例一,现象:车身划痕或损伤。

操作要点:

①先进行点漆、抛光暂时性处理。为确保车身美观,劝说客户及早办理出险。

②立即协助客户办理出险维修,或另外约定时间回厂维修。

解释:车身出现划痕,我们可以免费为您先进行点漆防锈处理,但从外表还是看得出来划痕的,为了确保车身美观,将来还是要进行钣喷处理。如果您愿意的话,我们这次帮您一起处理好了,费用可以给您一定的优惠。如果车辆有保险,车身出现划痕或损伤,最好及早办理出险维修,千万不要等到保险过期,那就不划算了。

(2)案例二,现象:发动机舱/底盘预检。

操作要点:

①发动机舱内五油三水检查、免费蓄电池检测或新发现故障点,向客户说明真实情况,提出清理维修或更换的建议。

②底盘系统检查包括轮胎、制动系统、避振器,检查中可能发现轮胎单边磨损或避振器漏油无弹性的情形,可建议客户多注意观察,上述情况可能会影响到行驶安全。

解释:发动机舱内看起来非常脏,里面有很多杂质、油垢,我们建议先清洗一下发动机舱、蓄电池部分,我们会免费为您检查其功能是否正常,另外为您好好检查一下相关的传动皮带与转盘的运转情形。车辆要经常清洁,发动机舱内也应隔一段时间清洗一次才好,您说是吗?另外,这个轮胎排水性可能已经不好了,甚至会影响到制动性能,驾驶时要特别留意小心,可能的话,我建议还是更换新胎较为保险,轮胎都有一定的使用寿命,在达到其磨损极限时,就要更新了。

(3)案例三,现象:发现新故障点。

操作要点:

①针对维修项目进行估价,并确认是否有配件,及时通知服务顾问。

②由服务顾问向客户现场解说确认,或电话通知客户请求确认。

解释:新的故障点对安全有一定影响,我们建议您立即更换故障件。故障原因主要发生在这个配件上,它已经不能再继续使用了,为了节省您的时间,我建议您这次更换新品。

(4)案例四,现象:养护用品的推荐(客户等候时)。

操作要点:

①可提高故障排除率,并可延长车辆、配件使用寿命。

②向客户进行专业推荐。

解释:建议您最好及时处理这个故障(进、排气门积炭清洗),如果拖久了就不容易处理了。另外,这个抗磨剂也非常不错,能延长发动机寿命,很多客户反映不错,我建议您一起考虑使用。

(5)案例五,现象:首保客户进店进行首次维护。

操作要点:

①向客户介绍车辆初级五油三水检查项目,并说明如何检查。

②向客户介绍服务站软件、硬件设施。

③向客户说明保修条款、权利、义务。

解释:我现在为您介绍车辆的初级自我维护项目,您可以在出远门时先行检查,这样行车安全会更有保障。我带您参观一下我们的服务站,看看车辆维护维修流程,以后您可以把这儿当自己家。我现在为您介绍保修条款,如有任何疑问,欢迎随时提问,这是您享有的权利。

(6)案例六,现象:对于维修中追加的维修项目提出建议,但客户没时间或出于价格考虑,尚未决定何时进行维修处理。

操作要点:

①提醒客户原先建议的追加维修项目,再次主动打电话联系追踪。

②提醒客户主动预约下次回厂维修时间。

③记录填写(列入提醒表单)。

解释:您再考虑一下我们原先向您提出的维修建议,回头我们电话联系,等您确定维修后,我们再为您安排进厂。或者您看哪一天方便回厂,我们可以帮您预约。如果您真的没时间或不方便的话,我们也可以提供上门取车服务。

(7)案例七,现象:3月12日,客户车辆行驶里程为30000km,顺路来4S店做常规检查,客户车辆检查完毕,无任何异常,客户随即将驾车离去,服务顾问未做任何提醒。

操作要点:服务顾问应主动预约客户下次回厂时间,届时再联系提醒客户。

解释:您下一次35000km维护大概是9月份,提前预约可以节省等待时间。我们大致会提前一周与您联系确认,有任何问题或调整,可随时打电话给我。

2. 客户车辆交付实施流程

车辆检查、结算和交付是售后服务过程中非常重要的步骤,也是客户离开4S店前服务顾问处理好客户爱车的最后环节,它将兑现服务顾问在接待客户时对客户关于维修质量、价格和时间的承诺,并决定客户对其所付费用是否值得的总体评价。这是一个用事实来说话的时刻,企业应该集中精力来提高这次与客户见面的质量,争取最后使客户心满意足地离开。通过接待流程中服务人员所表现出的专业精神,4S店将会赢得客户对品牌及经销商的忠诚。各汽车品牌车辆交付时的具体环节不尽相同,但总体步骤大体一致,例如,某品牌交车服务工作流程如下所示。

1)通知服务顾问准备交车

(1)维修人员将车钥匙、任务委托书、接车登记表等物品移交车间主管,并通知服务顾问车辆已修完,如图6-2所示。

(2)通知服务顾问停车位置。

图6-2 将车辆相关表单移交车间主管

2)服务顾问内部交车

(1)检查任务委托书,以确保客户委托的所有维修维护项目都已完成,并由质检员签字,如图6-3a)、图6-3b)所示。

a)

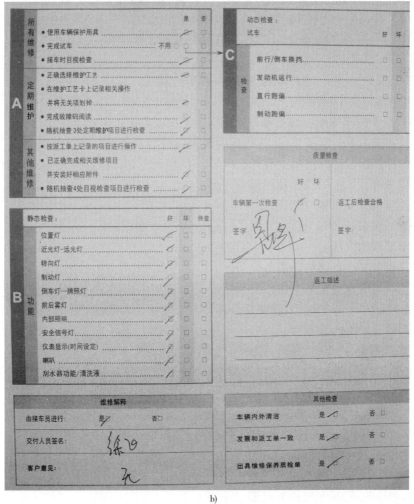

b)

图6-3 检查相关表单质检员的质检签名

(2)实车核对任务委托书,以确保客户委托的所有维修维护项目在车辆上都已完成。

(3)确认故障已消除,必要时试车。

(4)确认从车辆上更换下来的旧件,如图6-4所示。

(5)确认车辆内外清洁度(包括无灰尘、油污、油脂),如图6-5所示。

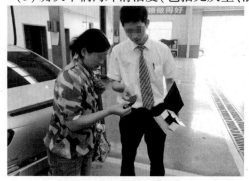
图6-4 确认从车辆上更换下来的旧件

图6-5 检查车辆内外清洁度

(6)其他检查:检查车辆外观,不遗留抹布、螺母、螺栓等工具。

3)通知客户,约定交车

(1)检查完成后,立即与客户取得联系,告知车已修好。

(2)与客户约定交车时间。

(3)大修车、事故车等不要在高峰时间交车。

约请客户前来取车的准备工作:在约定的时刻接待客户,清楚、明确地向客户解释已经完成了哪些维修操作以及结算清单上有什么内容。在这个时刻,通过以下两点可以提高服务顾问的商业意识和售后服务的质量及严肃性。

①在车辆维修方面给客户建议。

②准备下一次来访。

对此需要采取的方法:

①在客户到来时准备好结算清单。

②结算清单与维修委托书上的估价相符。

③关于结算清单内容的细节,准备适合客户需求的建议来准备下一次来访。

④向客户建议额外的服务。

4)陪同客户验车

(1)服务顾问陪同客户查看车辆的维修维护情况,依据任务委托书及接车登记表,实车向客户说明。

(2)向客户展示更换下来的旧件(旧件一般置于行李舱或副驾驶座位下),如图6-6所示。

(3)向客户说明车辆相关维修维护的专业建议及车辆使用注意事项,如图6-7所示。

(4)提醒客户下次维护的时间和里程。

(5)向客户说明备胎、随车工具已检查完毕并说明检查结果。

(6)向客户说明、展示车辆内外已清洁干净。

(7)告知客户,3日内销售服务中心将对客户进行服务质量跟踪电话回访,询问客户方便接听电话的时间。

学习任务6 客户车辆交付

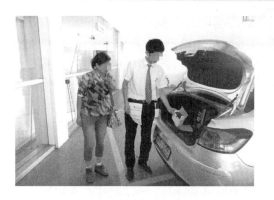

图6-6 向客户展示更换下来的旧件

图6-7 提供车辆相关维修维护的专业建议及使用注意事项

(8)当着客户的面取下四件套,放于回收装置中,如图6-8所示。

5)制作结算单

(1)引导客户到服务接待前台,请客户坐下,如图6-9所示。

图6-8 当着客户的面取下防护用具

图6-9 将客户引导至接待前台进行结算

(2)打印出车辆维修结算单及出门证,做好结算前的准备工作。目的是确保客户在取车时所有的结算准备工作都已经完成。

采用审核维修委托书上的维修项目和车间技工的维修报告的方法,保证所有维修所用的材料都已列在结算清单上。此时,服务顾问应做到:

①保证报价与最后的结算一致。

②准备好所有相关的材料。

③确保所有事情都像最初约定的情况一样。

④所有的资料都已经准备好并且放在一起。

服务顾问应注意,如果结算清单没有准备好,服务顾问不要通知客户准备交车。服务顾问要做好对结算和交付的规划工作,目的是有条理地对结算、交付进行安排,这样可以使客户对公司提供的整体服务感到满意。方法有以下几种:

①对于不在休息室等候的客户,服务顾问可以借助手写的会客登记表和车间工作表(或信息化计划日程表)来对结算、交付事宜进行规划、安排,并通过电话与客户联系。与预约一样,服务顾问和客户都按照约定的取车时间来进行结算、交付。遵守时间表才能使客户享受高质量的服务。

②在与客户约定取车时间的同时,还应该告诉客户本次维修所需的费用,询问客户选择的付款的方式(现金、信用卡或支票等),告诉客户所需携带的资料(比如维护手册、维修委托书的客户联、代步车租赁合约或取车凭证等),这样便于服务顾问做好各种准备,减少和避免客户在取车时的麻烦和等待,使结算过程更顺畅。

③服务顾问应根据与客户约定的交付时间,经常检查交付计划。

④对于在客户休息室等待的客户,在确认各项交车准备工作完成之后,服务顾问应立即通知客户结算,进行车辆交付。

6)向客户说明有关注意事项

(1)根据任务委托书上的建议维修项目向客户说明这些工作是被推荐的,并记录在车辆维修结算单上。特别是有关安全的建议维修项目,要向客户说明必须维修的原因及不修复可能带来的严重后果,若客户不同意修复,要请客户注明并签字。

(2)对维护手册上的记录进行说明(如果有)。

(3)对于首保客户,向其说明首次维护是免费的,并简要介绍质量担保规定和定期维修维护的重要性。

(4)将下次维护的时间和里程记录在车辆维修结算单上,并提醒客户留意。

(5)告知客户服务顾问会在下次维护到期前提醒预约客户来店维护。

(6)与客户确认方便接听服务质量跟踪电话的时间并记录在车辆维修结算单上。

向客户交车说明时,可以营造与客户留下车辆时相同的氛围,随时欢迎并关心客户,这样客户可以很方便地识别之前与他联系的人,客户不需要再重复听他的解释,服务顾问也可以轻松地识别需要进行交付车辆的客户,确保客户取车时在场。这样做的目的是像预约一样,遵守与客户约定的交付时间,避免客户无谓的等待。方法是经常检查交车计划,安排工作时尽量避开与其他客户约定的交付车辆时间,以保证客户来取车时能准时迎接。如果由于种种原因,必须由另一个人来代替你向客户交付车辆时,那么你应该做到:

①把所有接待客户时需要的材料都转交个这个人(包括结算清单、维修操作清单,还有交付的日期和时间、检修卡、汽车钥匙、测试结果、汽车存放的地点等)。

②通知客户维修完成,并告诉客户接待者的姓名及其职责,同时先与客户做好交付前的准备,通知其需要支付的费用。

图6-10 请客户在结算单上签字确认

7)解释费用

(1)依车辆维修结算单,向客户解释收费情况。

(2)请客户在结算单上签字确认,如图6-10所示。

费用往往是客户较为关心及敏感的话题,做好费用组成的解释工作关系到服务工作的成败,要做到让客户明明白白、放心消费。

①向客户详细解释企业所完成的工作、发票的内容和收费情况。目的是要向客户解释,企业根据客户要求所完成的工作、结算单的内容,使客

户理解企业所做的工作和产生费用与制订维修委托书时的报价和项目相同,避免争议。向客户解释,针对客户的需求,维修车间所做的维修工作,向客户出示结算清单、解释发票上的报价,确保发票的结算清晰无误。

②向客户解释,针对客户的需求,维修车间所做的维修工作。根据接车时客户提出的故障描述,向客户解释解决故障的方法、进行的诊断测试、路试和执行的维修工作。解释维修过程中发现的问题和进行维修的必要性以及由此新增加的维修项目,如果客户是通过电话同意修理的,那么此时你应该请客户补充签字确认。向客户说明在工作过程中,维修技工发现并主动处理的一些小问题(如门轴噪声等)。这不仅可以清楚地向客户表明他所要求的工作都已经全面、高质量地完成了,而且向客户提供了超值的服务,从而使客户对我们的维修工作产生信任,提高客户满意度。

③向客户出示结算清单。如果客户租用了临时替代车辆,在结算时要收回临时替代车协议,并让客户签字。各4S店关于临时替代车辆的政策不尽相同(详见各4S店有关临时替代车辆的相关政策)。

向客户解释结算清单上的每一项内容,但不要涉及一些技术性的细节内容。如果有必要向客户解释这些技术性的细节内容,可以请技术专家或者技术专家助理来帮助解释。向客户解释维修车间所进行的维修操作,并告诉他们这些操作都是根据他们的要求进行的,或者对于那些没有开具发票的操作,可以把维修操作清单交给客户。

④列出哪些维修操作是免费的。向客户展示所有的问题都已经处理完毕,并且价格完全是根据所进行的维修操作开出的。向客户解释发票上的报价,向客户解释汽车质量检修卡或维修服务卡,让客户了解需要他付钱的每一个项目,从而使客户觉得物有所值。

向客户解释维修操作所产生的费用(包括用掉的时间、对汽车的测试、零部件的费用、保修等)。

向客户解释报价中与最初估价有出入的地方,提醒客户关于补充协议的事宜(这就是当初要让客户以书面形式确认进行补充维修操作的原因),可以向客户证明他付出的费用是合理的。

8)服务顾问陪同客户结账

(1)服务顾问陪同客户到收银台结账,如图6-11所示。
(2)结算员将结算单、发票等叠好,注意收费金额朝外。
(3)将找回的零钱及出门证放在叠好的发票等上面,双手递给客户。
(4)收银员感谢客户的光临,与客户道别。

在整个车辆检查及交付流程中,服务顾问应尽可能地全程陪同客户,包括客户结账环节。

①确保发票的结算。客户在需要签字的文件上签字(维护单、结算单、维修委托书),陪同客户去收款处结算发票,根据情况,可以允许客户缓期付款或分期付款。对客户可能遇到的困难表现出理解,可以与客户营造出一种互相信任的氛围,这也是提高客户忠诚度的一种很好的方法。

②与客户共同检查竣工车辆,如图6-12所示。目的是向客户证明本企业所执行的高质量的维修服务工作。检查车辆外观、内部和车内物品,重点指出车辆维修部位,向客户出示更换下来的配件,必要时与客户共同检验竣工车辆。

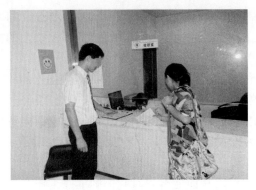 

图6-11　服务顾问陪同客户到收银台结账　　图6-12　与客户共同检查竣工车辆

a. 检查车辆外观、内部和车内物品，陪同客户到竣工车辆旁，对照维修委托书，像入厂检查一样和客户一道对车辆外观、车辆内部状态和车上的物品进行确认，这样可以向客户证明他的财产在你处得到了良好的保护和爱护。增强了客户对服务顾问的信任，同时避免了将来可能存在的争议（外观损伤、附件、车上物品遗失等）。

b. 重点指出车辆维修部位，作为客户，他总是希望了解他的车到底哪个部位出了毛病，是如何维修的，如果有可能的话尽量向客户展示维修的部位或指出更换的配件，使客户对4S店的维修工作更加信服。

c. 向客户出示更换下来的配件，除了质量担保的旧件和客户特别声明不保留旧件的情况外，服务顾问应该向客户出示更换下来的旧配件并且征求这些配件的处理意见，证明维修工作的真实性，并且维修工作是必要的。

注意：旧配件应进行严格的包装才能放在客户的车里，防止把客户的车弄脏。对于蓄电池、轮胎等客户不方便处理并对环境有害的旧件，建议客户由4S店来进行处理。

必要时和客户共同验收竣工车辆，对于行驶系统或只有车辆在行驶中才能出现的故障，修复后，如果客户要求，你可以和客户一同试车来检验维修的效果，如果你不能陪同客户，可以委托质检技术员或技术专家陪同客户一同试车，向客户充分证明4S店高质量的维修工作。

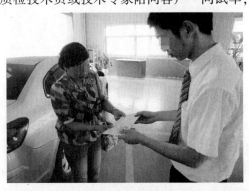

图6-13　将车钥匙、行驶证、维护手册等相关物品交还给客户

9）服务顾问将资料交还客户

（1）服务顾问将车钥匙、行驶证、维护手册等相关物品交还给客户，如图6-13所示。

（2）将能够随时与服务顾问取得联系的方式（电话号码等）告诉客户。

（3）询问客户是否还需要其他服务。维修资料的完整性会涉及客户的利益，比如很多4S店均规定，若客户不能提供4S店做首次维护或常规维护的证明，则车辆不能享受质量担保政策，所以一定要在客户离店前将资料收齐并整理后一并交与客户，并提醒客户保存资料的作用。

①可以吸引客户再次光临。这样做的目的是在资料交接时，通过给客户提供一些关于汽车维护和使用方面的建议，增加售后服务业务。

根据定期维护单或车辆出厂检验单上对客户汽车的检修结果,以及维修车间、质检技术员的观察和建议,向客户推荐一些可以考虑的维修工作。重要之处是对照检查单并在车辆旁边向客户指出需处理的部位。

②在交付过程中保持商业意识。给予客户一些关于汽车维护的建议,以提高客户乘坐的舒适性。关心客户及其家人的安全,同时促使客户增加在汽车上的开销。如果客户技术检修的期限是在一年之内,可以建议他进行预先检查。告诉客户下一次维护的时间和里程以及某些损耗件(例如,轮胎、制动摩擦片或摩擦盘等)预计的剩余使用寿命,在结算清单上记下预计的更换时间,并提醒客户及时更换。如果客户车辆需要紧急维修或计划维修,应该与客户约定维修的时间,尤其在以下情况:

a.维修涉及车辆的安全性。

b.维修需要行业管理部门的审核。

服务顾问应特别注意,对于涉及安全的、需立即修理的维修项目,服务顾问要向客户说明危害性并建议客户立即进行修理,如果客户坚持不进行修理,那么服务顾问应在维修委托书或结算清单上注明,并请客户在责任免除单上签字确认。

服务顾问应把客户的这些情况记录下来,作为4S店对客户开展主动预约的依据,由客户关系部门到时候提醒客户,以增加客户的满意度。这样操作的优点是可以向客户建议对汽车车身或内部机械进行维护,或更换零配件、装配附件,从而获得发展维修业务销售的机会。

③销售额外服务。利用一切与客户接触的机会,并向他介绍产品以及向他提供现有的服务,在可能的情况下,还可以与客户约定维修。

a.保持对信息的掌握,根据不同情况采取不同措施,与客户讨论,准备下一次拜访。

b.保持对信息的掌握,要了解企业正在进行的商业活动(包括新车发布信息),无论是在全国范围内进行,或是在一个地区范围内进行,还是仅仅是4S店的行为。以各种方式向客户提供有关这些商业活动的信息(包括光碟、折页广告、小布告、宣传小册子等)。这样可以满足客户了解更多信息的期望,也可以向客户展现4S店的能力和知识,从而体现服务的专业性。

c.根据不同情况采取不同措施,考虑客户此时的情况(他是否很急、是否有办法解决问题、是否需要提供服务)。结合汽车的状态、使用时间以及客户的兴趣来推荐适合他的产品和服务,甚至可以引导客户购买新车或二手车。

d.可以向客户展示4S店售后服务的多样性和灵活性。与客户讨论,向客户阐明进行维修的优势:提高汽车的安全性和舒适性,对质量的保证以及延长的汽车使用周期。通过与客户进行私人约见,来对建议的维修订单进行具体化。通过向客户提供除了严格的售后服务操作以外的订单来增加客户的忠诚度。

10)送客户离开

送别客户并对客户的惠顾表示感谢,这可以向客户显示,即使在他已经付了钱以后,4S店仍然关注他和他的期望,并会一直为他考虑(送离至他离开4S店为止)。维修企业始终应记住一次维修服务的结束也许就是下一次维修的开始,要使客户感觉到你的关心自始至终。此时,服务顾问为客户取下保护装置,向客户交付车辆维修的资料,与客户告别,目送客户离开,如图6-14所示。

图 6-14　送客户离开

服务顾问从以下几个方面来准备每次的交车工作:确认汽车在预定时间内完成维修;把所有服务顾问需要的东西放在一起(包括发货单副本或维修操作清单、维修服务卡或汽车质量检修卡、被更换掉的零部件以及对汽车测试的结果);准备好对发货单上具体项目内容的介绍和说明;花费一些必要的时间来接待客户,向他说明维修清单上的内容,解释本企业对其汽车所进行的维修操作,向客户提出一些有关汽车维护和使用方面的建议,并向他推荐适合他目前情况的产品和服务,并与他约定再次光临4S店的时间。

这样操作的优点是:可以错开安排交车的时间,以减少客户等待时间,并且有利于遵守与客户的约定。以最大的透明度向客户清楚、完整地说明有关维修的情况。给客户提出一些比较专业的建议,使他可以控制其车辆的维护费用。这样做客户会比较满意,也会因此而对你比较信任,以后也会主动找你为其提供服务。企业一直对客户负责,直到他离开,并向客户提供一种人性化的、殷勤的、亲切的服务,以提高营业额。

从通常的经验看,对客户来说,交货的时刻并不是一个令人愉快的时刻,他的注意力会完全集中在发票的金额上。因此在把发票交给客户之前,与他进行任何讨论或者解释都是毫无用处的。

服务顾问应永远要把提供服务的可靠性放在第一位(不能把一次维护简化为一次简单的更换机油)。要有商业意识,强迫客户购买是行不通的,应该向客户提供一些合理的、有说服力的论据,然后让客户自己作出决定。当客户有反对意见时,让客户自由表达,一直认真听取,直到结束。然后,通过向客户提问,重新组织与客户的对话。如果客户不同意,要保持平静。如果客户的要求比较难以满足,可以与售后服务负责人联系。

二、任务实施

1. 服务顾问准备交车环节

(1)车间主管依据维修工单、质检表,与服务顾问进行车辆交接。

(2)服务顾问前往车辆竣工区检查车辆外观情况。

2. 服务顾问内部交车环节

(1)服务顾问检查所有维修维护项目的书面记录及质检员签字。

(2)服务顾问确认车辆内外清洁度及从车辆上更换下来的旧件情况。

3. 通知客户,约定交车环节

(1)服务顾问应核对约定交车时间。

(2)检查完成后,服务顾问立即与客户取得联系,告知车已修好。

4. 陪同客户验车环节

(1)服务顾问陪同客户查看车辆的维修维护情况,依据任务委托书及接车登记表,实车向客户说明。

(2)向客户说明维修情况,展示车辆内外已清洁干净并展示更换下来的旧件。
(3)提醒客户下次维护的时间和里程。

5.制作结算单环节
(1)准备好所有相关的材料,检查预估报价与最后的结算是否一致。
(2)打印车辆维修结算单及出门证。

6.向客户说明有关注意事项环节
(1)向客户说明建议维修项目,并提醒客户下次维修维护的时间、里程。
(2)对维护手册上的记录进行说明。

7.解释费用组成环节
(1)向客户解释本次维修维护所做的全部工作,并列出哪些维修操作是免费的。
(2)向客户详细解释费用组成、发票的内容和收费情况。

8.服务顾问陪同客户结账环节
服务顾问陪同客户到收银台结账。

9.服务顾问将资料交还客户环节
(1)服务顾问将车钥匙、行驶证、维护手册等相关物品交还给客户。
(2)询问客户是否还需要服务。

10.送客户离开环节
(1)为客户取下保护装置,向客户交付车辆维修的资料,与客户告别、目送客户离开。
(2)询问客户的服务感受,并欢迎客户提出改进措施。

项目　客户抱怨交车时未得到任何有关维修解释的角色扮演

1.角色扮演的学习目标
在完成该角色扮演之后,你便能够处理客户关于服务的投诉。

2.角色扮演的目的
服务顾问可以成功地解释企业所做的维修工作以及服务费用。

3.情景
在致电回访期间,某客户的车辆完成60000km定期维护和制动系统维修后,服务顾问给客户致电进行回访。此时,客户抱怨在交车时未得到有关维修结果的任何解释。

4.车辆信息
车辆型号:××××。
里程:60222km。
购买日期:2009年5月24日。

5.客户要求与期望
该项目中,客户的要求与期望有:
(1)客户希望了解具体的工作内容。
(2)客户希望了解与工作内容和费用相关的信息。
(3)客户没有其他担心的问题。

6. 客户角色的要求

在完成了60000km定期维护和制动系统维修后,服务顾问给你致电进行回访。此时,你抱怨在交车时未得到有关维修结果的任何解释。在演练过程中,除非服务顾问特别要求,否则你不要提供下列信息。每个问题提供一条信息。

(1)你希望了解具体的工作内容。

(2)你希望了解与工作内容和费用相关的信息。

(3)你没有其他担心的问题。

7. 观察员的角色要求

观察员要重点观察服务顾问与客户沟通时是否关注了客户的不满。

8. 实施

根据上面的描述和要求执行该项目的角色扮演。

三、学习评价

1. 项目综合评定(表6-1)

项目综合评定表　　　　　　　　　　表6-1

综合评定	完成		没有完成
	良好	有待提高	
1. 语调和清晰度			
2. 保持客气和礼貌			
3. 提问和使用浅显易懂的语言			
4. 不打断客户谈话			
5. 记录			
活动检查单			
1. 做自我介绍,并且说明你的来电原因			
2. 征得客户同意后,再继续通话			
3. 确认客户的姓名,并在谈话当中使用这一称呼			
4. 仔细倾听并明确客户的要求			
5. 对给客户带来的不便道歉			
6. 确认服务历史记录或上一次维修的派工单			
7. 向客户解释上次维修所做的工作以及费用			
8. 确认客户理解并接受解决方案			
9. 询问客户是否还有其他疑虑/问题			
其他评语:			

2. 学习任务6的理论知识评价

请完成表6-2中的评价,并给出适当的说明。

理论知识评价　　　　　　　　　　　　　表6-2

问　　题	正确	错误
1. 你认为客户可能对汽车很熟悉,因此可以使用行业术语		
2. 一位客户说:"修车是你的工作,我对你怎么做不感兴趣,我只希望汽车能修好。"此时,你仍然全面解释你所做的工作以及修理效果		
3. 你始终应该找时间解释所做的工作以及相关的服务费用		
4. 当客户支付修理费时,你注意到客户脸上的表情比较吃惊。但你已经向他解释了账单,因此你不再做任何说明		
5. 技师报告说,需要注意前制动盘,虽然问题不是很严重,但它已接近磨损极限。你应该向客户说明此问题,并建议他在下次进厂时进行更换		
6. 交车前你应当检查哪些事项 从下面选取适当的五个选项,并在空白框中标记"×" [ ] 发票;　　　　　　[ ] 内饰颜色;　　　　　[ ] 座椅位置; [ ] 汽车的清洁情况;　　[ ] 车辆质量;　　　　　[ ] 工作的完成情况; [ ] 车身划痕和凹坑		
7. 交车时,你应当向客户解释哪些事项 从下面选取适当的三个选项,并在空白框中标记"×" [ ] 问题的原因和所做的工作; [ ] 介绍新的保险项目; [ ] 修理或检查的结果; [ ] 服务费用		

学习任务 7　不同维修业务的接待

工作情境描述

某汽车销售公司售出一辆东风雪铁龙世嘉轿车,在售出约半年时,客户曾到店进行过首次维护,现在是售出约一年时间,客户车辆行驶里程估计将要达到15000km。作为服务顾问,你需要和客户进行沟通并及时提醒客户回4S店进行定期维护,用规范的语言进行维护提醒并尽可能达成定期维护的预约。当客户来店时,你需要用规范和专业的服务对客户进行接待,除此之外,在接待过程中还会遇到故障车辆或事故车等情况。因此,你要具备良好的职业素养和专业的服务水平,以给客户提供专业和满意的服务。

知识目标

1. 熟悉一般维修维护的接待流程;
2. 熟悉故障车辆的接待方法;
3. 熟悉事故车辆的接待方法。

能力目标

1. 熟练执行一般维修维护的接待;
2. 熟练执行故障车辆的接待;
3. 熟练执行事故车辆的接待。

素养目标

1. 能树立维修企业维修接待的服务意识;
2. 能树立为不同需求客户提供优质服务的意识。

学习时间

18 学时

任务分析

在维修业务接待的过程中,服务顾问会面临不同的情况,其中,常见的有三类,一是常规的维修维护,二是一般的故障诊断与维修,三是事故车的维修。不同的维修业务形态在接待过程中会有差异,维修业务接待在熟练掌握流程和标准的同时,要不断积累不同业务形式的应对经验和技巧,以便更好地为客户服务。

一、知识准备

随着汽车市场竞争的日趋激烈,良好的汽车售后服务越来越成为 4S 店利润的增长点,并且客户对汽车售后服务的要求也越来越高。客户到达 4S 店的目的多数是以下几个方面:车辆的维修和维护,车辆故障的维修,事故车辆的维修及索赔等,因此对于 4S 店来说,做好客户以上方面的接待与服务,将会对 4S 店利润和客户满意度的提升起到巨大作用。

1. 维修维护类车辆业务的相关内容

车辆销售给客户以后,由于每个人的驾车方式和每辆车的行驶条件各不相同。因此,4S 店根据客户的车辆特性、使用年限、行驶里程、配置和使用条件制订了专门的维护规范。

各品牌的车辆往往是通过自己品牌的授权服务站进行维护,客户可以借此得到高水平的专业化服务,从而保证车辆正常运行,延长使用寿命,同时减少维修次数并降低使用成本。车辆的维护包含首次维护和定期维护。

1)首次维护(图 7-1)

首次维护是客户购车后按规定的里程或使用时间第一次到授权服务站对车辆进行检查和调整。首次维护将对车辆的各种液位进行检查,同时还要检查车辆运行是否正常。

根据新车质量担保规定,首次维护是车主享受质量担保的必要条件。在质量担保期内的任何担保,车主必须出示新车质量担保证明和首次维护证明。

图 7-1 首次维护中的油液检查

(1)首次维护的意义。首次维护是 4S 店做好服务营销的一次重要机会,除了按维护的规定项目和规范进行操作外,还应当做好以下工作:介绍如何更好地使用车辆,介绍本站的各种服务内容,介绍客户车辆的维护计划。

(2)首次维护的时间和里程。车辆的首次维护是根据车辆的使用时间和行驶里程确定的,不同的品牌或者同一品牌装配不同的发动机的车辆首次维护的时间和里程不同。如在正常使用条件下,东风雪铁龙的新车行驶了规定的里程或时间(即 7500km 或 6 个月)后,应当进行首次维护;在非正常使用条件下,建议首次维护里程减少 50%,即 3000~4000km 或 3 个月(根据不同里程和时间,还会有所变化)。非正常使用条件是指:

①出租车、租赁等营运性质活动的车辆,或用于比赛竞技、表演娱乐、军事行动、被征用等用途。

②在炎热的地区行驶(温度经常超过 30℃ 的地区)。

③在寒冷的地区行驶(温度经常低于 -15℃ 的地区)。

④在充满尘土的道路或地区行驶(如施工工地、沙漠等)。

⑤经常短距离行驶(发动机温度常达不到 90℃)。

⑥使用不符合本品牌所建议的润滑油或使用质量值得怀疑的燃油(含硫量超过 500mg/L)。

(3)首次维护的内容(表 7-1)。首次维护是对车辆进行检查和调整,以及对车辆的各种液位进行检查,同时还要检查车辆运行是否正常。

首次维护的内容 表7-1

检查的项目	检查的内容	要　点
1. 液面检查	(1)发动机机油液面检查； (2)冷却液液面检查； (3)动力转向油液面检查； (4)制动液液面检查； (5)风窗玻璃清洗液液面检查	检查液面的高度，在确保无异常泄漏的情况下，对液面高度不符的油液进行适量添加
2. 故障码读取和重新初始化	使用诊断仪检查车上各系统电脑的故障记录并进行故障删除	读取电脑记录(依装备而定)； 排除故障后删除记录； 检查记录删除结果
3. 检查和调整	(1)各防尘罩的状况； (2)管路、发动机与变速器壳体的密封性和状况(发动机舱和车辆底部)； (3)轮胎状况(磨损状况、气压和拧紧力矩	(1)检查管路时必要的操作 管路应做适当清洁； 摇动接头处，检查是否松旷； 摇动固定处，检查是否牢固 (2)有问题的地方应立即通过服务顾问向客户指出 (3)给压力不足的轮胎充气或给压力过高的轮胎放气 (4)按规定的拧紧力矩拧紧车轮螺栓

2)定期维护介绍

定期维护是客户车辆按一定的行驶间隔里程或使用间隔时间,定期到授权服务站对车辆进行检查和维护,定期维护包括更换发动机机油和机油滤清器等项目,如图7-2所示。

图7-2　定期维护

(1)定期维护的意义。车辆的技术性能随着行驶里程的增加以及各种环境因素的影响而发生变化,技术性能变差会导致汽车的动力性、经济性和可靠性逐渐变差;各易损、易耗件需要更换或补充。客户通过定期回到授权服务站,并按标准的规范对车辆进行维护和检查,可以及时更换易损、易耗件,发现和消除早期的故障隐患,防止故障的发生或损坏的扩大,恢复车辆的性能指标,提高车辆的完好率,有效地延长汽车的使用寿命。

(2)定期维护的时间和里程。在正常使用条件下,新车行驶了规定的里程或时间(即15000km或12个月)后,应当进行定期维护;在非正常使用条件下(具体见首次维护所列的非正常使用条件),建议定期维护里程减少50%,即7500km或6个月(以先达到者为限)。

定期维护的里程以里程表的读数为准(包含首次维护的里程)。例如,某车辆首次维护里程为7500km,定期维护间隔为15000km,当车辆在7500km进行首次维护后,再行驶7500km,即里程表读数为15000km时,进行第1次定期维护,以后每行驶15000km就必须进行定期维护。

(3)定期维护的规范。在定期维护中,所有车型使用统一的质量担保和维护手册,维护操作提倡两个维修工配合检查。在定期维护时,30000km 定期维护所涉及的项目最多(除更换正时皮带)。在维护中,要使用定期维护表,定期维护分五大类:标准操作、一般操作、专门操作、使用年限操作、更换正时皮带操作。定期维护涉及六种油液的更换、检查:发动机机油、变速器油、助力转向油、发动机冷却液、制动液、玻璃清洗液。在定期维护中,使用设备工具七种:冷却液检测仪、制动液检测仪、皮带张力检测仪、扭力扳手、万用表、气压表、卷尺。在定期维护中,根据维护工艺分为八大检查项目:检查或更换机油、液面检查或添加、更换易耗件、检查(调整)、检查(项目)、检查与删除故障记录、维护提示清零、路试。

(4)定期维护的内容,见表 7-2。

定期维护相关项目 表 7-2

一、车辆在举升机底部			
1	引导车辆就位	1	接受服务顾问的单据后进入车内
2	外部灯光、喇叭检查(检查指示)	2	外部灯光、喇叭检查(开关的操作)
3	刮水器检查(前后刮片检查、喷嘴调整)	3	刮水器检查(开关的操作)
4	铺挂前翼子板防护罩	4	维护提示初始化
5	离合器踏板行程调整(依车型)	5	离合器踏板行程检查(依车型)
6	蓄电池检查(发动机舱)	6	蓄电池检查(内部操作)
7	检查机油液位后,拧松或拆下机油滤清器	7	内部灯光、仪表检查、电气设备功能键功能检查
8	冷却液检查	8	用诊断仪读取删除故障
9	制动液检查	9	检查转向盘高度、座椅固定及功能调节检查
10	助力转向液检查	10	检查车门开关和安全带、润滑车门铰链
11	补充风窗清洗液	11	拧松车轮螺栓(着地时)
12	空气滤清器清洁或更换	12	驻车制动检查(离地时)
13	通风管、油气分离器清洁(依车型)	13	拆下前/后轮胎
14	座舱空滤清洁或更换	14	拆下(拿出)备胎
15	上部管路和发动机变速器密封检查	15	记录检查项目
二、车辆在举升机中部			
左 侧		右 侧	
16	检查前减振器密封	16	同左侧
17	检查制动器附近防尘套密封	17	
18	检查制动器附近球铰间隙(依里程)	18	
19	检查制动器附近制动管路	19	
20	检查制动盘(鼓)、制动片(蹄)	20	检查前后轮胎和备胎
21	检查前后轮胎	21	记录检查项目
三、车辆在举升机顶部			
22	拆下护板、机滤,排出发动机机油	22	排气管检查
23	下部管路和发动机变速器密封检查	23	中后部管路检查

续上表

24	下部防尘套(包括转向齿条)检查	24	检查后减振器
25	下部球销间隙检查(依里程)	25	检查后桥轴承及密封状况
26	安装拧紧机滤(依车型)	26	修理或更换轮胎
27	安装拧紧放油螺塞	27	可协助 A 检查
28	检查调整附件皮带	28	协助 A 检查
29	安装下护板	29	记录检查项目
四、车辆在举升机底部			
30	安装车轮(左侧)	30	安装车轮(右侧)
31	安装拧紧机滤(依车型)	31	拧紧车轮螺栓(着地,拧紧全部)
32	更换火花塞(依里程)	32	检查调整轮胎气压(着地)
33	检查调整气门间隙(依车型和里程)	33	—
34	加注检查发动机机油	34	发动机车辆配合检查
35	检查发动机舱油水泄漏	35	—
36	发动机机舱清洁	36	填写检查记录
五、车辆保持在举升机上			
检验员抽检 3 项			
六、车辆离开工位			
检验员路试并检查动态仪表			

注:维护操作一般由 A、B 两个维修工配合。

2. 故障类车辆业务的相关内容

1)故障车辆维修接待的基本沟通技巧

在维修业务接待中,与客户沟通占有重要位置。与客户的沟通,除了注意说话的态度以外,还包含社会心理学的应用,我们只有不断地总结实践经验并不断地丰富理论修养,工作才能做得出色。另外,作为故障维修接待人员的服务顾问也应该了解基本的故障知识,以便对故障知识初步判断并对维修时间有一个估算。服务顾问迎接故障车辆的客户,如图 7-3 所示。

(1)尊重客户的描述。

在对故障车辆进行维修前,对故障的判断是非常重要的,在判断故障前,起重要作用的就是客户的故障描述。在接待客户过程中,服务顾问对客户车辆故障现象及相关内容的询问是维修工能够快速发现故障位置和解决故障问题的前提。服务顾问应该详细询问车辆的故障现象、位置,并如实记录,并向维修人员通报情况。例如,一位客户到达 4S 店售后服务区。

服务顾问:"您好,先生,我能为你做些什么?"

客户:"我的车子最近怠速不稳。"

服务顾问记下怠速不稳后,问:"起动性能怎么样?"

客户:"起动效果也不好,难起动,你看看是不是蓄电池有问题了?"

服务顾问记录后,问:"还有什么问题吗?"

客户:"没有了。"

服务顾问记录后把信息反馈给维修技师,以便技师在故障排除时予以参考。

在进行故障诊断时,服务顾问应做到以下几点。

①必须询问症状发生时车辆行驶的条件和环境,以便故障诊断时参考使用。

②提问尽可能通俗易懂,尽量不要用专业术语。

③与客户交流时尽量直接询问故障所在的位置或部件。

(2)提出与故障相关的问题,如图7-4所示。

图7-3　服务顾问迎接故障车辆的客户

图7-4　服务顾问初步问诊客户车辆故障

接车工作是维修企业与客户打交道的第一道门槛,接车工作是否到位,对下一步的维修工作起着重要的作用。服务顾问一般是根据客户的故障描述填写维修接车单,而车间维修人员通常是根据接车单的内容进行维修操作,如果接车工作出现了问题,特别是出现了技术性错误,那将给维修工作造成很大的麻烦,很容易给客户带来经济损失,从而引起纠纷。因此,服务顾问除了要听清楚客户对车辆故障的描述外,还要针对不同的故障现象引导客户补充必要的故障说明以供维修参考,一般来说可以分为三步。

①询问故障情况。故障出现在什么时候,如早上、中午或晚上等,出现了多久,在什么天气或温度下出现(下雨、雪、炎热或寒冷等)。如果属于周期性故障,还要询问此前是否在其他地方维修过及维修过什么项目等。

②核实故障现象。问清楚故障现象后,要根据故障情况进行核实,必要时邀请车间主管或试车员进行路试确认。核实工作是非常重要的,因为客户本人并不是专业人士,对汽车本身的认识处于很初级的阶段,很难说清楚是哪个系统出了故障(或者该问题对某种车型来说并不一定是故障),如果照搬客户的叙述直接制订工作单而不进行核实,就有可能使下一步的维修工作陷入误区。

③制订专业维修工作单。大部分客户并不是专业人士,而接车人员要将客户的口头描述转化为专业术语并制订好维修作业单,以便车间的维修人员进行维修作业。这就要求接车人员具有较系统的汽车维修理论知识,避免因为文字问题而出现误诊或错诊。

维修企业的服务顾问,不能仅作为一个简单的"传话筒",不能错误地认为只要把客户的要求直接写在工作单上,并交给车间维修人员就算是完成了工作任务。接车工作是整个维修工作的开端,而这个开端的好坏对维修工作能否顺利完成起到重要的作用,专业性的沟通技巧将会大大提高维修工作的效率和质量,发动机工作单见表7-3。

发动机工作单　　　　　　　　　　　　　　　表 7-3

客户姓名		车型年款	VIN
发动机编码		变速器	里程
故障日期		制造日期	已使用日期
燃油和燃油加油口盖		☐ 车辆燃油用光导致不点火 ☐ 燃油加油口盖没盖或没正确拧入	
症状	☐ 起动能力	☐ 不能起动　☐ 没有燃油　☐ 部分燃油 ☐ 部分燃油受节气门影响 ☐ 部分燃油不受节气门影响 ☐ 可以起动但起动困难　☐ 其他(　　　)	
	☐ 急速	☐ 无快急速　☐ 不稳　☐ 高急速　☐ 低急速 ☐ 其他(　　　)	
	☐ 动力性	☐ 抖动　☐ 喘振　☐ 爆震　☐ 动力比足 ☐ 进气回火　☐ 排气回火 ☐ 其他(　　　)	
	☐ 发动机失速	☐ 起动时　☐ 急速时 ☐ 加速时　☐ 减速时 ☐ 刚停车时　☐ 加载时	
故障发生时间		☐ 刚交车后　☐ 最近 ☐ 上午　☐ 晚上　☐ 白天	
频次		☐ 总是　☐ 在一定工况时　☐ 有时	
天气情况	天气	☐ 不受影响 ☐ 好　☐ 下雨　☐ 下雪　☐ 其他(　　　)	
	温度	☐ 热　☐ 暖　☐ 冷　☐ 湿　　　℃	
发动机状况		☐ 冷　☐ 暖机过程中　☐ 暖机后 发动机转速　0　2000　4000　6000　8000 r/min	
道路条件		☐ 市区　☐ 郊区　☐ 高速公路　☐ 越野(上坡、下坡)	
行驶条件		☐ 不受影响 ☐ 起动　☐ 急速　☐ 高速运转时 ☐ 加速时　☐ 减速时　☐ 转弯时 车速　0　10　20　30　40　50　60 km/h	
故障指示灯		☐ 亮起　☐ 不亮	

2) 提供优质服务的途径(图7-5)

客户到4S店来修车,不仅是想修好车,更期望的是得到满意的服务,高质量的维修,并且价格合理。而使人满意的服务,正是高质量维修和价格合理的前提。如果服务质量太差,就会失去客户,修车和价格就无从谈起。因此,为了赢得客户,首先要向客户提供优质的服务。要做到向客户提供优质的服务,必须从以下几个方面着手。

(1) 高质量的维修服务。

良好的交流是汽车维修服务行业的基础,或许这一行业的交流要比其他行业更为重要,因为服务人员面对的是不懂汽车维修的客户。客户希望的不是只修好车,而且希望能全面地检查汽车,能提供专业技术方面的建议,以保持汽车的良好性能。此时,与客户进行良好的交流是满足客户需求的最好方法,也是向客户提供高质量维修服务的最好机会,在向客户提供高质量服务时,要抓住以下三个时刻。

图7-5 向客户提供优质服务

① 诊断汽车时刻。为客户的汽车做好诊断是向客户提供高质量服务的一次极好机会。

a. 记录症状。客户报修时,要按客户的说法记录汽车的症状,而不是记下解决的方法。如果客户没有主动说出汽车症状,则应向客户询问汽车运行状况。对于某一种汽车症状,如果服务顾问提出了解决方法,则应该事先考虑周到,因为可能还有其他原因也会导致这种故障,所以只记录解决方法可能会导致工作的失误,进而使客户认为4S店的维修工作不专业。

b. 说明诊断流程。当把客户报修时所说的故障症状记录下来后,就应向客户说明解决该问题的步骤、诊断收费标准及依据。如果客户在修理前明白了收费标准和流程,他会对4S店感到满意。

c. 分析问题。从客户那里获得信息后,不要急于下结论。即使服务顾问对客户提出的汽车问题已经有了一些设想,但还需下一步的验证,不要向客户说出设想,让客户用自己的话说出问题。这样就能保证工作单上信息的准确性。客户离开后,维修人员就可以仔细检查汽车和分析所存在的问题。

② 客户同意修理的时刻。在完成汽车故障诊断之后,就要进行高质量维修服务的第二步,即在客户同意修理的时候向客户详细说明车辆需要完成的维修工作。

a. 说明问题,告诉客户发现了什么问题以及为什么需要维修。例如,服务顾问对客户说:"您好,经过对您的车子的全面检查,您的车子蓄电池是好的,但需要调整。"

以上的服务顾问说法是错误的,原因在于没有说明问题,他应该这样说:"先生,您好,经过对您车子的全面检查,您的车子蓄电池是好的,但我们发现喷油器需要清洗,而且需要更换一套新的火花塞,这就是汽车起动困难、怠速不稳的原因。"

b. 说明解决方法。告诉客户用什么样的方法来修理汽车,并解释清楚修理的特点和优点。这时应掌握好"特点"与"优点"的概念及运用,这对工作是非常重要的。特点描述的是事物的特征;优点一般来说与省钱、省油、节油、提高性能、安全、便利有关。

c. 提供估价让客户同意维修。在说明检查发现的问题、为什么需要维修以及该项维修的价格后,接着就要让客户同意这些维修项目,并说:"我能进一步调整您的车吗?"

③ 完成修理交车时刻。一旦完成了所有维修工作,高质量维修服务的最后一步就是完成修理交车,如图7-6所示。

a. 提供旧零件。在完成维修工作时,要保证尽可能留下旧零件,当客户来取车时,把这些旧零件给客户。这样客户就能了解4S店所做的工作以及这么做的原因。这也是与客户建立信任关系的一种好方法。

b. 让客户放心。提供旧零件是让客户对4S店维修工作放心的一种方法。

（2）瞬间服务。

在与客户的长期交往中，服务顾问一定会有这样的经历，面对某些问题，不容多想，在瞬间须作出某种举动，却收到了以往花费很长时间也难以得到的效果。

比如，当你见到一位新客户来到时，很自然地微笑着欢迎他，他会感觉自己受到了尊重，因此会使你与这位客户方便交往。这短暂的微笑，会给公司带来更多的回头客。这短暂的微笑，就是向客户提供了短暂的服务。

图7-6 维修结束服务顾问交车

①什么是瞬间服务。在一刹那的时间内，用你短暂的行为向客户提供某种帮助或者传递某种友好信息，使客户在瞬间得到了他所需要的服务，称为瞬间服务。

②瞬间服务的作用。服务是有感觉的，瞬间服务是最真实的，因而客户最容易接受瞬间服务。

瞬间服务运用得好，就能事半功倍。短暂的瞬间服务，却会长久地影响着客户对公司的看法。因此瞬间服务运用得当，会使服务顾问做到以往花费很长时间都难以做到的事。

如果忽视了瞬间服务，就会有类似"功亏一篑"这样的后果，使客户离你而去。试想一下：当你给一家公司打电话，电话响了十几声才有人接，你还能与这样的公司打交道吗？你很可能对与这家公司谈生意的想法产生了疑问，甚至会放弃这家公司。造成这种后果的原因很清楚，这家公司瞬间服务做得差，失去了获利的机会，或者客户从此再也不和这家公司打交道。

瞬间服务作用的延伸。恰当的瞬间服务会给下一次的成功铺平道路；不得当的或是忽视了瞬间服务，不但会给客户留下极深的负面印象，而且还会被客户无意识地将这负面印象转嫁到公司头上。

瞬间服务是优质服务的重要组成部分，是对多种服务的重要补充。但瞬间服务不能作为单一的、孤立的服务形式存在，只有在实施多种形式服务中才能显示出瞬间服务的重要作用。

③恰当地掌握运用瞬间服务的时机。对此，通常有以下四种方式。

a. 接听电话时，在自报单位名称和姓名之前先要问候对方。这样可以使对话一开始就比较顺利。

b. 当客户接近你时，要更加注意自己的面部表情。客户经常根据表情来判断你的情绪和建立对公司的整体印象。

c. 当有客户投诉时，不要把它看做是针对你个人的，要把它看做是从客户那里获得有价值的反馈信息的一次机会。

d. 当无法为客户提供他所要求的产品或服务时，要为他提供其他选择。如果客户接受了4S店为他们提供的选择，客户对原先的一些不满意是可以忍受的。在把客户转到另外一个部门之前，要确保其服务提供者愿意提供服务，没有结果的"踢皮球"只会产生消极的后果。

3）补救性服务

如何对待与服务顾问或公司有矛盾的客户将直接影响客户是否再次合作。当与客户产生误会时,好的补救性服务会使客户重新恢复对服务顾问或公司的信任。

通常,一个小小的错误或一时疏忽都会损害公司在客户心目中的形象,此时就需要提供补救性服务。比如,未能如期修理好客户的汽车、交车时未能及时结账而让客户等待时间过久、客户信息打印错误等类似事件的发生,服务顾问应采取具体步骤进行补救。同时,在进行补救性服务时,可向客户提供一些实际的、有形的服务内容,如补救性免费赠品、补救性折扣、补救性吸纳额外成本、补救性个人交往(在一次服务中断后,打电话给这位客户,会有助于保证问题的解决程度令客户满意,这种私人交往会重建公司的信誉)等。

4)售后服务电话跟踪(图7-7)

售后服务是汽车维修企业实施3S(整车销售、维修、配件供应三位一体)和4S(整车销售、维修、配件供应、信息反馈四位一体)最成功的管理办法。由于售后服务主要依靠电话联络来实现,故称之为售后服务电话跟踪。

5)故障车辆的质量担保索赔服务(以东风雪铁龙为例,其他品牌会有所不同)

质量担保是制造厂家对客户的承诺,担保的期限和条件已经在随车交给客户的《质量担保和维护手册》(以下简称《维护手册》)中注明。

图7-7 售后服务电话跟踪

客户对汽车品牌售后服务工作的评价在很大程度上取决于质量担保工作开展得是否迅速和有效,同样也取决于首次维护及各次例行维护的认真程度是否令人满意。

(1)整车质量担保期限。

①新车质量担保为两年或行驶里程60000km(以先达到者为限)。

②用于出租、租赁等经营性类别的新车,质量担保期为一年或行驶里程100000km(以先达到者为限)。

③新车质量担保适用于整车上除规定的易损件以外的制造厂原装车零部件。易损件的质量担保规定参见《新车易损件质量担保规定》。

④在新车质量担保期内,零件的更换或维修不能延长新车质量担保期,所更换零件的质量担保期随新车质量担保期的结束而终止。

⑤鉴于部分零件维修时间长的特殊性,如自动变速器,东风雪铁龙可提供维修方式或更换再制造零件的方式供车主选择。

⑥质量担保期限以机动车销售统一发票上的日期或车辆交付日期(新车交付表上的日期)起计算,两者以先开始者为准,该日期应由授权销售商在《维护手册》的"新车质量担保证明"上注明。

案例分析:某客户2009年7月15日购买一辆世嘉轿车(私用),于2010年5月12日车辆行驶35325km因质量原因更换散热器,在2011年4月3日车辆行驶65437km时,因质量问题导致散热器漏水,请问该车能否质量担保?

解析:不能质量担保,因为该车的质量担保期限是自2009年7月15日到2011年7月14日或行驶里程在60000km以内(以先达者为限),此车日期虽然在保修期限之内,但其行驶里程已经超过60000km。因此,此车已经超出质量担保期限,不能进行质量担保。

(2)质量担保范围(费用由汽车制造公司承担)。

①因产品的制造、装配及原材料缺陷等因素而引起的损坏。

②由质量缺陷件所引起的相关件的损坏,包括相关辅料损耗。

③质量担保费用包括:配件费、维修工时费和东风雪铁龙授权服务站的外出服务费。

(3)不属于质量担保的范围(费用由客户承担)。

①不满足新车质量担保条件中任何一条。

②车主未按《维护手册》的规定进行新车首次维护,或没有按《维护手册》的规定进行以后的任何一次定期维护,或无新车质量担保证明,都视车主自动放弃质量担保权。

③车主自行修理或到授权服务站以外的厂家修理后,车辆所发生的相关质量问题而造成的损坏。

④因车主使用不当或维护维修不当造成的损坏。

⑤因车主不听建议,强行使用车辆而造成的扩大损失。

⑥进行没有经过汽车销售公司认可的任何汽车改装而造成的损失。

⑦由于外部原因造成汽车损伤,例如,细砾石的溅击或碰撞以及大气中的化学气体或其他化学物品、鸟粪等的腐蚀所致的损坏。

⑧由于自然灾害、车祸、人为的故意损坏或战争、暴乱所致的损坏等。

⑨质量担保范围中没有专门规定的费用,如车主因进行质量担保而发生的拖车费、停运费、停车费、路桥费、差旅费、食宿费、管理部门的惩罚款等。

⑩《维护手册》中规定的定期检查、调整、维护所发生的费用(首次维护免费)。

⑪用于特殊使用条件,如比赛竞技、表演娱乐、试验、军事行动、征用、被盗抢等。

⑫因汽车正常运行而造成的振动和噪声,如汽车转弯时辅助转向泵工作的噪声,喷油管发出的微弱噪声,路况差时后桥发生的嗡嗡声等。

⑬零件因正常老化所造成的变质、变形或褪色等。

⑭客户私自更改车辆行驶里程表数据或拆下相关零件使车辆行驶里程不能被确定。

车辆保修索赔业务流程如图7-8所示。

3. 事故车辆的接待及处理流程

随着轿车保有量的增多,交通事故的发生频率也随之增多,汽车维修企业也面临着事故车辆的接待台次逐渐增多的问题。事故车的业务接待与传统的维修维护类业务接待有相同之处,但也有着自己独特的特点。

1)事故车辆的出险与服务顾问的沟通

客户车辆出险后,根据客户对保险索赔流程了解的不同,客户会作出不同的反应。一些客户会主动和保险公司联系,一些客户会和自己品牌的4S店联系。当客户出险后和4S店联系时,服务顾问要做好客户的安抚与引导。单方事故时报保险公司,双方事故时先报交警再报保险公司,客户如需拖车服务,服务顾问要确定客户事故车辆所在的位置及现场人员的联系方式并及时安排拖车。服务顾问接听出险客户电话如图7-9所示。

事故车进厂后,首先做车辆外检,填写车辆外观检查报告,对车辆信息、外观、受损部位、行驶里程、油表指示等登记。经客户同意后,陪同客户对车内及行李舱内物品进行确认,提醒客户带走贵重物品,并让客户在外观检测报告上签字确认。

学习任务7　不同维修业务的接待

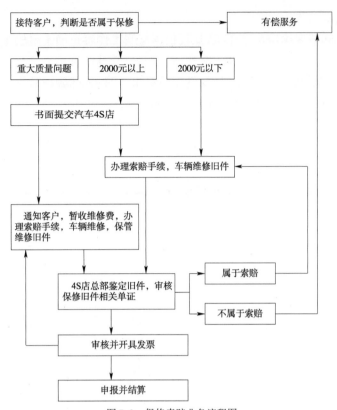

图 7-8　保修索赔业务流程图

2）保险公司现场查勘与定损

客户车辆出险报保险公司后，保险公司会安排查勘人员去现场查勘，如事故损失部分较小、损失部分较清晰，可当场定损；如损失较严重，则要到 4S 店进行拆检定损。服务顾问要在事故车到店时做好接待，安排好相应工位，并协助客户和保险公司做好拆检定损工作。保险公司对事故车辆进行查勘定损如图 7-10 所示。

图 7-9　服务顾问接听出险客户电话

图 7-10　保险公司对事故车辆进行查勘定损

3）拆检项目及 4S 店报价

对于确定更换或维修的项目，服务顾问根据配件价格和工时费用向保险公司进行报价，保险公司根据报价情况进行核价并确定维修方案，服务顾问要在确保维修后能保证不影响车辆性能的情况下，向客户和保险公司作出解释，此时的服务顾问应作为第三方，对车辆的换修操作及对车辆性能的影响作出合理解释。

根据事故车实际情况确定事故车工时费,根据车间工作容量确定事故车交车时间,服务顾问和保险公司确定最终事故车配件和工时费后,给客户开具估价单。事故车遇有残值、加扣情况、三者车赔付或与保险公司维修工时、配件差额有出入时,告知客户自负金额、提车注意事项及必须准备的相关理赔单据及手续(代索赔车辆),并让客户在估价单上签字。

4)确定维修项目和相关费用后修车

服务顾问在确定维修内容后,及时对换修的零部件进行登记(纸制单证和系统),以便进行相关维修操作,事故车辆维修工单如图7-11所示。

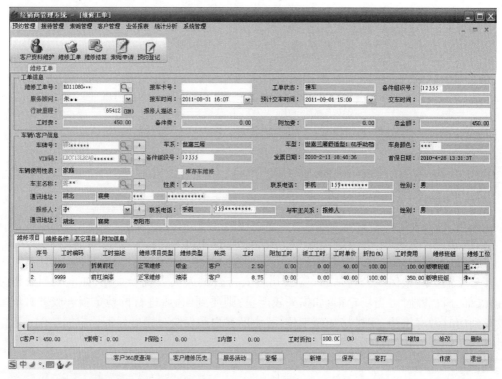

图7-11 事故车辆维修工单

5)事故车辆的理赔

车辆维修后,根据4S店与保险公司有无合作关系引导客户进行理赔。若保险公司和4S店无合作关系,车辆维修时,由客户先行垫付维修所需相关费用,4S店开具维修发票后,客户可到保险公司进行索赔。若保险公司和4S店有合作关系,可根据相关协议规定,维修所需相关费用由4S店代为理赔,保险公司理赔大厅如图7-12所示。

图7-12 保险公司理赔大厅

4. 事故车辆保险理赔的相关流程

1)理赔流程

出现交通事故后,首先要及时报案。除了向交通管理部门报案外,还要及时向保险公司报案。

一方面让保险公司知道投保人出了交通事故,另一方面也可以向保险公司咨询如何处理、保护现场,保险公司会告诉车主如何向对方索要事故证明等。车主在理赔时的基本流程如下。

(1) 出示保险单证。

(2) 出示行驶证。

(3) 出示驾驶证。

(4) 出示被保险人身份证。

(5) 出示保险单。

(6) 填写出险报案表。

(7) 详细填写出险经过。

(8) 详细填写报案人、驾驶员和联系电话。

(9) 检查车辆外观,拍照定损。

(10) 理赔员带领车主进行车辆外观检查。

(11) 根据车主填写的报案内容拍照核损。

(12) 理赔员提醒车主保管好车辆上的贵重物品。

(13) 交付维修站修理。

(14) 理赔员开具任务委托单确定维修项目及维修时间。

(15) 车主签字认可。

(16) 车主将车辆交于维修站维修。

以上是车主和保险公司保险理赔员必须要做的。车主一定要注意做好前期工作,避免事后理赔时的麻烦与被动。

2) 单方事故的处理及索赔程序

单方事故:指不涉及人员伤(亡)或第三者财物损失的单方交通事故。

举例:碰撞外界物体,自身车辆损坏,但外界物体无损坏或者无须赔偿。

事故处理及保险索赔程序:

单方肇事是最为常见的一类事故,因为不涉及第三者的损害赔偿,仅仅造成被保险车辆损坏,事故责任为被保险车辆负全部责任,所以事故处理非常简单。车辆拐弯掉头撞树的单方事故现场,如图7-13所示。

(1) 报案。

图7-13 车辆拐弯掉头撞树的单方事故

事故发生后,保护事故现场,并立即向保险公司报案。

(2) 现场处理。

①损失较小(1万元以下),保险公司派人到现场查勘,并出具《查勘报告》。

②损失较大(1万元以上),如查勘员认为需要报交警处理,会向交警部门报案,由交警部门到现场调查取证,并出具《事故认定书》。

(3) 定损修理。

①车主将车辆送抵定损中心并同时通知保险公司进行定损。

②修理厂修车。
③车主提车。
(4)提交单证进行索赔。
理赔:收集索赔资料交保险公司办理索赔手续。
(5)损失理算。
保险公司收到齐备的索赔单证后进行理算,以确定最终的赔付金额。
(6)赔付。
保险公司财务人员会根据理赔人员理算后的金额,向车主指定账户划拨赔款。

3)双方事故的处理及索赔程序

多方肇事:指不涉及人员伤亡,但涉及第三者财物损失、事故责任明确的双(多)方交通事故,私家车追尾公交车的双方事故场景,如图7-14所示。

举例1:车辆追尾,后车负全部责任,对方或两方车辆均损坏。

举例2:碰撞防护栏,车辆负全部责任,护栏损坏也需赔偿。

图7-14 私家车追尾公交车的双方事故

事故处理及保险索赔程序如下。

(1)报案。
①事故发生后,保护事故现场,并立即向保险公司报案。
②如第三方损失为道路设施或者第三方损失为车辆,需向交警部门报案。
(2)现场处理。
①保险公司人员到达现场,并出具《查勘报告》。
②交警部门到达现场,并现场出具《事故认定书》。
提醒:一般情况下,如果投保人在向保险公司报案时,保险公司要求向交警报案,则保险公司人员无须到现场处理。
(3)第三者修理。
①如果第三者为非机动车,则最好要求保险公司人员在进行现场处理时,直接达成三方(第三者、保险公司、车主)公认的一个核损价格,如果当场不能核定损失,则在进行第三者损失核定的时候或者过程中,要求保险公司给出核损价格。
②如果第三者是机动车,则要分以下两种情况:
第一,如果第三者同意与车主一同前往车主选定的修理厂进行修理,则当场不必支付第三者任何现金。
第二,如果第三者要求去自己选定的修理厂进行修理,也就是说第三者将与车主去不同的修理厂进行车辆修理时,则第三者可能要求车主在事故现场先支付一部分修理费用,或称押金或定金(因为担心事后找不到肇事车主或者事后车主不认账)。此时,切记现场付钱,一定要立收据;支付一半的修理费用比较适当(因为也有可能发生事后第三者不认账的情况)。
(4)车辆定损修理。
①将车辆送抵定损中心并同时通知保险公司进行定损。

②修理厂修车。

③车主提车。

(5)提交单证进行索赔。

理赔:收集索赔资料交保险公司办理索赔手续。

(6)损失理算。

保险公司收到齐备的索赔单证后进行理算,以确定最终的赔付金额。

(7)赔付。

保险公司财务人员会根据理赔人员理算后的金额,向车主指定账户划拨赔款。

4)多方事故的处理及索赔程序

多方肇事(有人伤亡)的事故处理及索赔程序。

多方肇事(有人伤亡):指涉及人员伤亡的双(多)方交通事故。

举例:车辆碰撞人员受伤。

该类事故因为涉及人员伤亡,所以处理起来比较复杂,高速公路连环相撞的多方事故现场,如图7-15所示。

图7-15 高速公路连环相撞的多方事故

(1)报案。

事故发生后,事故各方车辆应停在原地,保护好事故现场,并立即向保险公司和交警部门报案。

提醒:如有人员伤亡,应立即送往医院。除非事发地段比较荒凉或者无车经过,否则尽量不挪动事故车。因为如果用事故车将伤者送往医院,将造成事故责任无法认定。总的原则是救人第一兼顾事故现场的保护。

(2)现场处理。

交警部门到现场调查取证,并暂扣事故车辆、当事驾驶员驾驶证和事故车辆行驶证。一般情况下,由交警处理的事故,保险公司查勘人员无须再到现场查勘。

(3)责任认定。

交警部门根据事故情况作出责任判断,并向当事各方送达《责任认定书》。如当事各方对事故责任认定不服,应在收到《责任认定书》十五日内向交警部门提出复议或者向人民法院提出诉讼。

(4)伤者治疗。

①伤情诊断。医生对伤者进行检查,出具病历和诊断证明,并作出是否住院治疗的决定。

②住院治疗。医生对伤者进行治疗。

③出院手续。主治医生认为伤者无须再住院治疗,伤者应办理出院手续开具出院证明,注明出院后的注意事项、休养时间、护理时间及护理人数。主治医生认为伤者无须再住院治疗,但伤者拒不办理出院手续,赔偿义务人应通知交警部门,从主治医生证明伤者可以出院之日起的费用,赔偿义务人可以不负责赔偿,保险公司也不会赔偿。如伤者出院之后需继续治疗的,医生出具继续治疗费用预估证明,合理的费用可由保险公司赔付。

④伤残评定。伤者治疗结束后,可以到相关的鉴定机构进行伤残评定,如达到伤残等级,应取得伤残等级证明。

⑤医疗担保和预付费用。当肇事各方无法承担医疗费用时,可以向保险公司提出申请预付医疗费用,凭医生出具的医疗费用预估证明和已交费用清单,可以获得不超过所需费用50%的预付款。

⑥医疗核损。保险公司在伤者治疗期间,会派医疗核损人员到医院及交警大队了解伤者的受伤情况和治疗情况,对治疗费用进行预估和监督。

(5)车辆定损修理。

①将车辆送抵定损中心并同时通知保险公司,及时定损。

②修理厂修车。

③车主提车。

(6)赔偿调解。

①伤者治疗结束后,事故各方可到交警大队申请办理赔偿调解手续,也可到法院提起诉讼。法院及交警大队都会根据事故各方提供的证明材料,依据相关赔偿标准和法规条款进行赔偿调解。若当事各方不服,可以向上级人民法院提起诉讼。

②涉及保险赔偿的事故并向法院提起诉讼时,可提请保险公司作为第二被告或第三人。

(7)提交单证进行索赔。

付清相关费用,收集索赔资料交保险公司办理索赔手续。

(8)损失理算。

保险公司收到齐备的索赔单证后进行理算,以确定最终的赔付金额。

(9)赔付。

保险公司财务人员会根据理赔人员理算后的金额,向车主指定账户划拨赔款。

5)4S店给客户代理索赔的流程

(1)代赔流程。

当车辆发生单方事故时,可以委托4S店制订一套从出险、查勘定损、事故车维修到保险代赔服务的方案。出险流程如下:

①报案。

a. 客户带保险单、行驶证、驾驶证,通知保险公司。

b. 查勘人员到现场后,根据要求填写车辆出险登记表、出险通知书。

②定损。

带车辆出险登记表通知理赔定损人员到4S店确定修理项目,定损后开具定定损单。

③修车。

a. 把事故车和定损单一起交给4S店,4S店按定损单照单修理,并给提车单作为提车证明。

b. 车辆维修完毕后,客户凭提车单支付修理费后提车,并向4S店索要修车发票、托修单、派工单、材料单(需盖4S店公章)。

④开具事故证明。

若事故损失不大,保险公司一般无须证明;若损失很大,索赔时,保险公司需要交通大队出具的事故证明。

⑤递交单证。

将出险通知书、定损单、修车发票、托修单、派工单、材料单、事故证明、赔款结算单交保险公司理赔部。

⑥领取赔款。

递交索赔单证后,投保人会收到保险公司领取赔款通知,需携带身份证和车辆出险登记表到保险公司领取赔款。4S店如果给客户代理索赔,其流程见表7-4。

4S店给客户代理索赔的流程　　　　　表7-4

流程代号	工作内容	说明
1	了解保险车辆是否购买车损险及不计免赔	确认险种
2	报保险公司现场查勘或投保人直接到4S店报案	是否报案
3	与保险公司查勘定损员一起确认事故车辆的损失、维修项目、具体金额,必须协商一致	参与定损
4	收集客户证件资料(驾驶证、行驶证、身份证、保单复印件),作为代理赔的单据	单证齐全
5	保险车辆维修完毕后,客户直接接车,维修金额由4S店代赔	维修结算
6	整体理赔,4S店保险人员将驾驶证、行驶证、被保险人身份证、保单复印件、发票原件、事故证明、报案表、赔款单交到保险公司领取赔款	理赔和赔付

(2)索赔单证。

①出险通知书:保险公司提供,被保险人填写。客户是单位的,需要盖单位公章;是个人的,则需要签字。

②定损单:保险公司提供并填写,4S店使用后交回保险公司。

③修车发票:4S店提供,填写并盖发票章。

④派工单:4S店提供,填写并盖章。

⑤材料单:4S店提供,填写并盖章。

⑥事故证明:客户提供。

⑦赔款结算书:由保险公司提供。客户是单位的,需盖单位公章;是个人的,需个人签名。

5.新能源汽车维修服务接待的知识准备

随着国家大力推进新能源汽车的发展,新能源汽车逐渐进入消费市场,服务顾问接触到的新能源汽车也将越来越多,由于新能源汽车的结构与原理与传统燃油汽车不一样,在使用过程中的注意事项也不同,因此服务顾问需要再学习,及时更新相关的知识结构和服务技能,以便更好地适应工作岗位的需求。

新能源汽车是指采用非常规的车用燃料作为动力来源(或使用常规的车用燃料、采用新型车载动力装置),综合车辆的动力控制和驱动方面的先进技术,是一种技术原理先进、具有高新技术含量的新结构汽车。

1)用户主要关注新能源汽车的三个方面

(1)续驶能力。

作为新能源汽车,不管是插电混合还是纯电动,其续驶能力十分关键(图7-16)。它决定着新能源汽车能减少多少排量,或者是能够跑多远。所以,续驶能力是消费者最看重的一项,尤其对于电动汽车来说。

目前,我国主流电动汽车续驶里程都在 200km 以下。只有少数车型超过这个数值,比如比亚迪 E6、江淮和悦 iev5、腾势、北汽 EV200 等。而超过 300km 续驶的车型,仅有特斯拉一款(图 7-17)。随着国家政策的促进和技术的进步,未来的续驶能力可能会大幅提升。

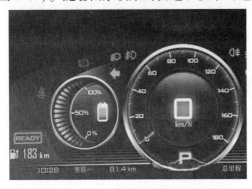
图 7-16 新能源汽车续驶指示灯

图 7-17 特斯拉纯电动汽车

在冬季,电动汽车经过一夜的低温冷冻,续驶里程都会有不同程度的降低,加上冬天开空调的原因,整体一辆电动汽车的续驶里程,减少 50km 很平常。电动汽车的动力电池最佳工作温度在 25℃左右。只有在适当的温度下,电池内的电解液才会保持活性,快速的转换电量。温度太低会增加电池内的阻抗,最后致使动力电池电压下降。相反,夏天的高温会使电池电压虚高,使用车辆时需要注意但对续驶影响不大。

(2)充电时间。

如何充电,一直是消费者比较关心的问题。目前有三种充电方式:家用普通电源充电(图 7-18)、公共场所充电、4S 店充电(图 7-19)。

图 7-18 电动汽车充电口

图 7-19 4S 店充电

4S 店一般是用大功率的直流充电桩充电,属于快充,基本上 30min 左右就能充满 80% 电量。家用普通电源充电,属于慢充,一般会在 8h 左右。

虽然快充比较方便,但经常使用对电池的伤害也比较大。瞬间向电池内输入大量的电流,会降低电池内化学物质的还原能力,减少电池的容量和寿命。所以,还是要以慢充为主。今后随着技术发展,也会大大缩短充电的时间。

(3)售后服务。

电动汽车行驶途中没电的情况,目前比较常见。对电动汽车而言,售后服务很重要,比如拖车救援(图7-20)等。目前,像比亚迪、北汽这样的大厂家服务比较好,而其他小品牌厂家如果不是汽车质量问题,是不会提供救援服务的,需要车主电话联系拖车。

2)新能源汽车的服务要点

需要提醒客户,新能源汽车一般行驶10000km做一次维护(冬天建议勤做维护),平时应该注意避免走雨雪泥水路段,避免脏污侵入而影响电池和电机的寿命。

图7-20 新能源汽车售后服务

纯电动汽车的充电环境温度最佳范围为0~45℃,当环境温度过低或者过高时,尽量不要给车辆充电。平常要正确掌握充电时间,养成使用车辆后及时充电的习惯。在冬季,由于环境气温较低,建议停车后马上给车辆充电。

电动汽车长时间放置不充电,会导致续驶里程缩短问题,因此,尽量别在亏电状况下停放。因亏电状况下电池易有硫酸盐化出现,硫酸铅结晶以后也会附着到极板之上,进而导致充电不足,亏电时间越长,对于电池损害越大。

6. 汽车维修服务技能大赛训练

普通教育看高考,职业教育看大赛。对于职业教育的学生来讲,全国职业技能大赛的舞台也是成长的一个重要途径,目前,全国职业技能大赛中已逐步开始重视服务顾问技能的比赛,行业中也有很多的服务顾问的技能比赛(图7-21)。关于此部分内容,请参照后面的任务实施部分中的项目4。

图7-21 服务技能比赛

二、任务实施

项目1 维修维护类车辆业务的任务实施及角色扮演的方法

维修接待人员(服务顾问)角色扮演的要求如下。

1. 主题

客户到店进行维修维护车辆业务,服务顾问进行接待。

2. 角色扮演的学习目标

在完成该角色扮演之后,你便能够按照客户应对标准流程来对客户进行有关定期维护项目的介绍。

3.角色扮演的目的

服务顾问应客户要求成功填写派工单以及DMS系统。

4.情景

日期：×月×日。

客户(老客户)到×××特约服务站进行有关×××品牌车辆30000km定期维护。

5.车辆信息

车辆型号：×××××。

车架号：×××。

行驶里程：30022km。

购买日期：2010年9月24日。

6.客户要求与期望

(1)如果含配件费在内的费用低于300元，则客户希望接受这项服务。

(2)客户希望在10月2日上午8:00将车送到经销商处，并希望3h后取车。

(3)客户需要有接送车或汽车将其送到最近的地铁站。

(4)客户想用经销商会员信用卡支付，这样可享受10%的折扣。

(5)客户没有其他担心的问题。

(6)客户只是想确保在临近的假期内能够毫无问题的安全旅行。

7.客户角色扮演要求

客户角色扮演的要求如下所示。

在演练中，除非服务顾问特别要求，否则你不要提供以下信息。每个问题可提供一条相应的信息。

(1)如果含配件费在内的费用低于300元，则你希望接受这项服务。

(2)你希望在10月2日上午8:00将车送到经销商处，并希望3h后取车。

(3)你需要有接送车或汽车将自己送到最近的地铁站。

(4)你想用经销商会员信用卡支付，这样你可享受10%的折扣。

(5)你没有其他担心的问题。

(6)你只是想确保在临近的假期内能够毫无问题的安全旅行。

(7)对于需要增加的项目你想第一时间知道。

8.观察员角色的要求

观察员角色扮演的要求如下所示。

在角色扮演中，观察员要重点观察服务顾问是否注意到了以下事实。

(1)如果含配件费在内的费用低于300元，则客户希望接受这项服务。

(2)客户希望在10月2日上午8:00将车送到经销商处，并希望3h后取车。

(3)客户需要有接送车或汽车将其送到最近的地铁站。

(4)客户想用经销商会员信用卡支付，这样可享受10%的折扣。

(5)客户没有其他担心的问题。

(6)客户只是想确保在临近的假期内能够毫无问题的安全旅行。

9. 实施

请依据上面的描述和要求执行该项目的角色扮演。

项目2　故障维修类车辆业务的任务实施及角色扮演

维修接待人员(服务顾问)角色扮演的要求如下。

1. 主题

客户到店进行故障车辆维修,服务顾问进行接待。

2. 角色扮演的学习目标

在完成该角色扮演之后,你便能够按照客户应对标准流程来接受客户有关维修维护类的咨询以及对故障维修类客户的接待。

3. 角色扮演的目的

服务顾问通过与客户的交谈能够了解车辆的故障现象,并根据故障现象解释故障车辆接下来的诊断流程,并能对维修时间和维修费用进行预估。

4. 情景

日期:×月×日。

客户(老客户)到×××特约服务站进行有关×××品牌车的故障维修(行驶里程30000km),车辆故障现象为起动困难并伴有怠速不稳。

5. 车辆信息

车辆型号:×××××。

车架号:×××。

行驶里程:30022km。

购买日期:2010年9月24日。

6. 客户要求与期望

(1)如果含配件费在内的费用低于300元,则客户希望接受这项服务,并希望服务顾问能解释相关费用的构成。

(2)客户希望在10月2日上午8:00将车送到经销商处,并希望3h后取车。

(3)客户需要有接送车或汽车将其送到最近的地铁站。

(4)客户想用经销商会员信用卡支付,这样客户可享受10%的折扣。

(5)客户没有其他担心的问题。

(6)客户只是想确保在临近的假期内能够毫无问题的安全旅行。

7. 客户角色扮演要求

客户角色扮演的要求如下所示。

在演练中,除非服务顾问特别要求,否则你不要提供以下信息。每个问题可提供一条相应的信息。

(1)如果含配件费在内的费用低于300元,则你希望接受这项服务并希望服务顾问能解释相关费用的构成。

(2)客户希望在10月2日上午8:00将车送到经销商处,并希望3h后取车。

(3)客户需要有接送车或汽车将其送到最近的地铁站。

(4)客户想用经销商会员信用卡支付,这样可享受10%的折扣。

(5)客户没有其他担心的问题。

(6)客户只是想确保在临近的假期内能够毫无问题的安全旅行。

8. 观察员角色的要求

观察员角色扮演的要求如下。

在角色扮演中,观察员要重点观察服务顾问是否注意到了以下事实。

(1)如果含配件费在内的费用低于300元,则客户希望接受这项服务并希望服务顾问能解释相关费用的构成。

(2)客户希望在10月2日上午8:00将车送到经销商处,并希望3h后取车。

(3)客户需要有接送车或汽车将其送到最近的地铁站。

(4)客户想用经销商会员信用卡支付,这样客户可享受10%的折扣。

(5)客户没有其他担心的问题。

(6)客户只是想确保在临近的假期内能够毫无问题的安全旅行。

9. 实施

请依据上面的描述和要求执行该项目的角色扮演。

项目3　事故类车辆业务的任务实施及角色扮演

维修接待人员(服务顾问)角色扮演的要求如下。

1. 主题

客户车辆发生事故后到店维修,服务顾问进行接待。

2. 角色扮演的学习目标

在完成该角色扮演之后,你便能够按照客户应对标准流程来接受客户有关车辆维修和汽车保险理赔的咨询以及对事故类车辆客户的接待。

3. 角色扮演的目的

服务顾问通过与客户的交谈以便了解车辆的出险经过、车辆所购买的险种、车辆的损失情况,并根据事故车辆的险种和损失情况,对车辆维修时间和维修费用进行预估,并协助客户进行车辆的保险理赔。

4. 情景

日期:×月×日。

客户(老客户)的车辆发生事故后,到×××特约服务站。车辆的事故经过是:车辆在拐弯时与石柱相撞,造成前保险杠破损。

5. 车辆信息

车辆型号:×××××。

车架号:×××。

行驶里程:30022km。

购买日期:2010年9月24日。

6. 客户要求与期望

(1)车辆购买了保险,客户想知道本次事故能否进行索赔,如何进行索赔。

(2)事故车辆维修需要花费的时间和需要做的维修项目。
(3)客户需要有接送车或汽车将其送到最近的地铁站。
(4)客户想知道4S店能否帮助其进行索赔。
(5)进行索赔时,客户需提供什么材料。
(6)维修后,车辆能否达到事故前的技术状况。

7. 客户角色的扮演要求

客户角色扮演的要求如下所示。

在演练中,除非服务顾问特别要求,否则你不要提供以下信息。每个问题提供一条相应的信息。
(1)车辆购买了保险,你想知道本次事故能否进行索赔,如何进行索赔。
(2)事故车辆维修需要花费的时间和需要做的维修项目。
(3)你需要有接送车或汽车将其送到最近的地铁站。
(4)你想知道4S店能否帮助其进行索赔。
(5)进行索赔时,你需提供什么材料。
(6)维修后,车辆能否达到事故前的技术状况。

8. 观察员角色的要求

观察员角色扮演的要求如下所示。

在角色扮演中,观察员要重点观察服务顾问是否注意到了以下事实。
(1)车辆购买了保险,客户想知道本次事故能否进行索赔,如何进行索赔。
(2)事故车辆维修需要花费的时间和需要做的维修项目。
(3)客户需要有接送车或汽车将其送到最近的地铁站。
(4)客户想知道4S店能否帮助其进行索赔。
(5)进行索赔时,客户需提供什么材料。
(6)维修后,车辆能否达到事故前的技术状况。

9. 实施

请依据上面的描述和要求执行该项目的角色扮演。

项目4 服务顾问技能比赛

1. 比赛情境

2018年5月的一天(比赛当天),天气情况参照比赛当日天气,上汽荣威爱民4S店。一位男性顾客驾驶一辆上汽荣威ei6(45T混动互联智臻版)轿车到店,未预约。

由选手扮演的服务顾问李新在门口迎接顾客并询问来意,得知顾客是来做维护的,未预约,便按照服务接待规范完成接车流程,并回答顾客问题。之后完成交车流程,并回答顾客问题。

2. 比赛内容相关信息
(1)该车行驶11000km。
(2)根据上汽荣威ei6常规维护规范,常规维护需要对机油、机滤、空滤、空调滤芯等项目进行更换,同时对动力电池、电机及控制系统等进行检查。
(3)车右后门有较大划痕。
(4)副驾驶储物箱有顾客遗留的物品。

(5)左前轮胎无气门嘴帽。

3. 客户相关问题

(1)接车过程提问:ei6轿车百公里综合油耗为何可以达到1.5L？我经常短途行驶,请问采用什么样的驾驶模式可以省油？

(2)接车过程提问:ei6轿车能否用家用电充电？下雨天能不能充？

(3)交车过程提问:下雨时开ei6轿车总有些担心,动力电池会不会漏电？如果电用光了,油耗会不会很高？

每队两名选手同时上场,在规定的25min时间内,按照试题规定情境,互相配合完成维修服务接待工作。

三、学习评价

1. 项目1的综合评定（表7-5）

项目1 综合评定表　　　　　　　　　　　　表7-5

综合评定	完成		没有完成
	良好	有待提高	
1. 语调和清晰度			
2. 保持客气和礼貌			
3. 提问并使用浅显易懂的语言			
4. 不打断客户谈话			
5. 记录			
活动检查单			
1. 客户到店礼貌迎接客户,并为车辆铺挂防护用品			
2. 报出公司名称、您的姓名并提供帮助			
3. 在对话过程中询问并称呼客户的姓名			
4. 对于老客户,确认客户信息			
5. 通过提问弄清客户担心的问题和服务需求			
6. 在控制系统中输入有关客户要求的说明			
7. 对客户的维护项目、所需时间、所需费用进行解释			
8. 确定能够交车的日期和时间			
9. 确认客户是否需要替代交通工具			
10. 维护过程中发现新问题时与客户的沟通			
11. 维修维护后,对所发生的费用向客户解释,让客户在相关单证上签字,并进行结算			
12. 维修维护后向客户致谢,欢送客户			
其他评语:			

2. 项目 2 的综合评定(表 7-6)

项目 2 综合评定表　　　　　　　　　　　　　　　　　表 7-6

综合评定	完成		没有完成
	良好	有待提高	
1. 语调和清晰度			
2. 保持客气和礼貌			
3. 提问并使用浅显易懂的语言			
4. 不打断客户谈话			
5. 记录			
活动检查单			
1. 客户到店礼貌迎接客户,并为车辆铺挂防护用品			
2. 报出公司名称及你的姓名并给客户提供帮助			
3. 在对话过程中询问并称呼客户的姓名			
4. 对于老客户,确认客户信息			
5. 通过提问弄清客户担心的问题和服务需求			
6. 在控制系统中输入有关客户要求以及故障现象的说明			
7. 对客户的维修项目、所需时间、所需费用进行解释			
8. 解释此次维修客户能否享受新车质量担保			
9. 确定能够交车的日期和时间			
10. 确认客户是否需要替代交通工具			
11. 维修过程中发现新问题时与客户的沟通			
12. 维修后,对所发生的费用向客户解释,让客户在相关单证上签字,并进行结算			
13. 维修后向客户致谢,欢送客户			
其他评语:			

3. 项目 3 的综合评定(表 7-7)

项目 3 综合评定表　　　　　　　　　　　　　　　　　表 7-7

综合评定	完成		没有完成
	良好	有待提高	
1. 语调和清晰度			
2. 保持客气和礼貌			
3. 提问并使用浅显易懂的语言			
4. 不打断客户谈话			
5. 记录			

续上表

综合评定	完成		没有完成
	良好	有待提高	
活动检查单			
1. 客户到店礼貌迎接客户			
2. 报出公司名称及你的姓名并给客户提供帮助			
3. 在对话过程中询问并称呼客户的姓名,询问车辆出险时是否报案			
4. 对于老客户,确认客户信息			
5. 通过提问弄清客户担心的问题和需要提供的服务需求			
6. 在保险公司在场的情况下,对客户的事故车辆进行定损,确定维修项目、所需时间、所需费用			
7. 对客户的事故车辆维修项目、所需时间、所需费用进行解释			
8. 与保险公司进行谈判,协商车辆维修需产生的费用,对车辆进行维修			
9. 确定能够交车的日期和时间			
10. 维修过程中发现新问题时,与客户和保险公司进行沟通,并进行补充定损			
11. 向客户介绍索赔时需提交的材料			
12. 维修后,对所发生的费用向客户解释,让客户在相关单证上签字,并进行结算			
13. 维修后向客户致谢,欢送客户,并进行代理索赔			
其他评语:			

4. 项目4的综合评定

本项目以实操形式进行,采取过程评分方法。选手比赛过程中,由5名评分裁判根据表7-8中所列评分要点逐项填写评分表。评分表为百分制,各参赛队成绩为5名裁判评分的平均分。

服务顾问技能比赛评分细则　　　　　表7-8

模块	考核要点及比重		评分细则与要求	考核分值
接车 50%	环车检查 20%	邀请顾客 1%	邀请顾客一起进行环车检查,并说明原因;提醒顾客将贵重物品随身携带,不留在车内(要求:待客热情,表述准确、清晰、自然)	1
		驾驶室 3%	检查仪表盘上是否可以正常通电、行驶里程、续驶里程、剩余电量、有无故障灯点亮;检查空调、暖风;检查灯光等项目;记录(模拟)并告知结果(要求:检查过程流畅,能与顾客充分互动,表述准确、清晰、自然)	3
		车辆前部 3%	检查左前方,唱检左前门、左前翼子板、左前轮胎、轮毂、气门嘴等主要项目;记录(模拟)并告知结果	1
			检查正前方,唱检发动机舱盖、进气栅格、保险杠等主要项目;记录(模拟)并告知结果	1
			检查右前方,唱检右前翼子板、右前轮胎、轮毂、气门嘴、右前门等主要项目;记录(模拟)并告知结果	1
			要求:检查过程流畅,能与顾客充分互动,表述准确、清晰、自然	

续上表

模　块	考核要点及比重		评分细则与要求	考核分值
接车 50%	环车检查 20%	前舱 4%	打开前舱盖唱检低压蓄电池连接、机油、冷却液、制动液、玻璃水；检查高压部件及高压线束连接；记录（模拟）并告知结果（要求：操作熟练，检查过程流畅，注意个人高压防护和安全，能与顾客充分互动，表述准确、清晰、自然）	4
		车辆后部 3%	检查右后方，唱检右后门、右后翼子板、右后轮胎、轮毂、气门嘴等主要项目；检查充电口；记录（模拟）并告知结果	1
			检查正后方，唱检行李箱舱盖、后保险杠等主要项目；记录（模拟）并告知结果	1
			检查左后方，唱检左后门、左后翼子板、左后轮胎、轮毂、气门嘴等主要项目；记录（模拟）并告知结果	1
			要求：检查过程流畅，能与顾客充分互动，表述准确、清晰、自然	
		行李箱舱 2%	打开行李箱舱盖唱检随车充电电线、备胎、随车工具、灭火器、三角警示牌等主要项目，告知使用注意事项；记录（模拟）并告知结果（要求：检查过程流畅，能与顾客充分互动，表述准确、清晰、自然）	2
		检查确认 4%	发现车辆缺陷，请顾客确认	3
			请顾客在《环车检查表》上签字（模拟）确认（要求：亲和力强）	1
	车辆问诊 10%		询问顾客车辆使用状况及存在问题	2
			对顾客描述的故障/问题进行问诊	4
			问诊过程记录（模拟），进行分析，提出建议	4
			要求：问诊具有针对性；问诊过程能与顾客充分互动，适当安抚顾客情绪；分析过程专业性强，思维清晰、有条理，建议合理；表述准确、清晰、自然	
	需求分析 5%		引导顾客说出维护前/后的用车情况/打算	2
			引导顾客将用车情况/打算变为对养护/精品/特色等项目的需求	3
			要求：引导过程反应迅速，与顾客充分互动，精准把握顾客需求；需求分析过程专业性强，思维清晰、有条理；表述准确、清晰、自然	
	增项推荐 10%		环车检查中所发现缺陷，向顾客确认是否进行维修	2
			根据客户用车状况或需求进行增项推荐	5
			对推荐项目进行费用、时间预估	3
			要求：养护/精品/特色等增项推荐有针对性；增项推荐过程专业性强，思维清晰、有条理，表述准确、清晰、自然	
	项目确认 5%		确认顾客信息、本次到店所做项目（包含必做项目、增项）	2
			确认所需配件、工时、价格、交车时间	2
			请顾客在《委托书》上签字（模拟）确认	1
			要求：表述准确、清晰、自然；亲和力强	

续上表

模 块	考核要点及比重	评分细则与要求	考核分值
交车 20%	增项确认 5%	向顾客解释增项原因,确认增项	4
		请顾客在《增项委托单》上签字(模拟)确认	1
		要求:增项解释具有针对性;表述简明清晰;亲和力强	
	车辆验收 10%	检查交车前各项工作,确认所有维修/维护项目均完成,通知顾客取车	2
		陪同顾客对车辆进行验收,确认维修/维护结果	4
		维修/维护项目、费用和下次维护时间说明	2
		展示旧件并询问处理方式	1
		打印结算单,请顾客在结算单上签字(模拟)确认	1
		要求:操作熟练;表述简明清晰;亲和力强	
	用车建议 5%	提醒客户用车注意事项,并提出用车建议(要求:能针对客户用车实际或季节进行专业提醒及建议,表述简明清晰)	4
		提醒客户下次维护时间和项目(要求:亲和力强)	1
综合 30%	礼仪规范 6%	仪表得体,仪态大方,礼仪动作规范	2
		微笑自然,待客热诚	2
		能适当赞美、认可客户	2
	安全操作 4%	注意车辆检查时的个人高压防护	4
	异议处理 20%	客户异议处理1	6
		客户异议处理2	4
		客户异议处理3	6
		客户异议处理4	4
		要求:思维敏捷,反应迅速,与顾客充分互动,精准把握顾客问题;解释过程针对性、专业性强,思维清晰、有条理;表述准确、清晰、自然;消除顾客疑虑,建立顾客对品牌/店面的信任	
得分合计			100

5. 学习任务7理论知识评价

(1)正常维修维护的客户业务接待流程是什么?

(2)事故车辆接待的特点有哪些?

(3)如何处理客户对车辆故障的抱怨?

(4)维修维护过程中,如何进行追加项目的处理?对车辆维修维护的费用如何解释?

(5)车辆5000km常规维护项目有哪些?

(6)发动机常见故障有哪些?

(7)传动系统的常见故障有哪些?

(8)转向系统的常见故障有哪些?

(9)事故车的维修处理要点有哪些?

参考文献

[1] 王永贵. 服务营销[M]. 北京:北京师范大学出版社,2007.
[2] 克里斯托弗·洛夫洛克. 服务营销[M]. 北京:中国人民大学出版社,2010.
[3] 刘远华. 汽车服务工程[M]. 2版. 重庆:重庆大学出版社,2013.
[4] 丁卓. 汽车售后服务管理[M]. 北京:机械工业出版社,2005.

人民交通出版社汽车类高职教材部分书目

书　号	书　名	作者	定价	出版时间	课件
一、高职高专工学结合课程改革规划教材					
978-7-114-09233-6	机械制图	李永芳、叶　钢	36.00	2014.07	有
978-7-114-11239-3	■汽车实用英语（第二版）	马林才	38.00	2016.12	有
978-7-114-10595-1	汽车结构与拆装技术（上册）	崔选盟	55.00	2015.01	有
978-7-114-11712-1	汽车结构与拆装技术（下册）	周林福	59.00	2014.12	有
978-7-114-11741-1	汽车使用与维护	王福忠	38.00	2016.11	有
978-7-114-09499-6	汽车维修企业管理基础	刘　焰、田兴强	30.00	2015.07	有
978-7-114-13667-2	服务礼仪（第二版）	刘建伟	24.00	2017.05	有
978-7-114-09368-5	发动机机械系统检测诊断与修复	吕坚、陈文华	26.00	2013.12	有
978-7-114-10301-8	汽油发动机电控系统检测诊断与修复	陈文华、吕　坚	20.00	2013.04	有
978-7-114-10055-0	柴油发动机电控系统检测诊断与修复	杨宏进、韦　峰	24.00	2012.12	有
978-7-114-09588-7	汽车传动系统检测诊断与修复	秦兴顺、刘　成	28.00	2016.08	有
978-7-114-09497-2	汽车行驶、转向和制动系统检测诊断与修复	宋保林	23.00	2016.01	有
978-7-114-09385-2	汽车电路和电子系统检测诊断与修复	彭小红、陈　清	29.00	2014.12	有
978-7-114-14028-0	汽车保险与理赔（第二版）	陈文均、刘资媛	22.00	2017.08	有
978-7-114-09887-1	汽车维修服务接待	王彦峰、杨柳青	25.00	2017.06	有
978-7-114-14015-0	客户沟通技巧与投诉处理（第二版）	韦　峰、罗　双	24.00	2017.09	有
978-7-114-09225-1	汽车维修服务企业管理软件使用	阳小良、廖　明	30.00	2017.08	有
978-7-114-09603-7	汽车车身构造与修复	李远军、陈建宏	38.00	2016.12	有
978-7-114-09613-6	事故汽车核损与理赔	荆叶平	35.00	2012.03	有
978-7-114-09259-6	保险法律法规与保险条款	曹云刚、彭朝晖	30.00	2016.07	有
978-7-114-11150-1	道路交通事故现场查勘与定损	侯晓民、彭晓艳	26.00	2014.04	有
二、21世纪交通版高职高专汽车专业教材					
978-7-114-10520-3	汽车概论	巩航军	29.00	2016.12	有
978-7-114-10722-1	发动机原理与汽车理论（第三版）	张西振	29.00	2017.08	有
978-7-114-10333-9	汽车维修企业管理（第三版）	沈树盛	36.00	2016.05	有
978-7-114-13831-7	汽车空调构造与维修（第二版）	杨柳青	30.00	2017.08	有
978-7-114-12421-1	汽车柴油机电控技术（第二版）	沈仲贤	26.00	2018.05	有
978-7-114-11428-1	汽车使用与技术管理（第二版）	雷琼红	33.00	2016.01	有
978-7-114-11729-9	汽车保险与理赔（第四版）	梁　军	32.00	2015.12	有
978-7-114-08934-3	汽车发动机机械系统检修（第二版）	林　平	35.00	2017.06	有
978-7-114-08942-8	汽车底盘机械系统检修（第二版）	陈建宏	39.00	2017.06	有
978-7-114-14077-8	汽车运行材料（第二版）	崔选盟	25.00	2017.09	有
978-7-114-13874-4	汽车底盘电控系统检修（第二版）	张立新、屈亚锋	32.00	2017.07	有
978-7-114-13753-2	汽车维修技术基础（第二版）	刘　毅	32.00	2017.07	有
978-7-114-14091-4	汽车使用性能与检测技术（第二版）	巩航军	30.00	2017.09	有
978-7-114-09961-8	汽车构造	沈树盛	54.00	2017.03	有
三、全国交通运输职业教育高职新能源汽车运用与维修专业规划教材					
978-7-114-14405-9	新能源汽车储能装置与管理系统	钱锦武	23.00	2018.02	有
978-7-114-14402-8	新能源汽车高压安全及防护	官海兵	19.00	2018.02	有
978-7-114-14499-8	新能源汽车电子电力辅助系统	李丕毅	15.00	2018.03	有
978-7-114-14490-5	新能源汽车驱动电机与控制技术	张　利、缑庆伟	28.00	2018.03	有
978-7-114-14465-3	新能源汽车维护与检测诊断	夏令伟	28.00	2018.03	有
978-7-114-14442-4	纯电动汽车结构与检修	侯　涛	30.00	2018.03	有
978-7-114-14487-5	混合动力汽车结构与检修	朱学军	26.00	2018.03	有

■为"十二五"职业教育国家规划教材。咨询电话：010-85285962、85285977；咨询QQ：616507284、99735898。